追寻幸福的教育

陈加付 著

Zhuixun Xingfu De Jiaoyu

China University of Mining and Technology Press

中国矿业大学出版社

图书在版编目(CIP)数据

追寻幸福的教育 / 陈加付著. —徐州:中国矿业大学出版社,2018.4

ISBN 978-7-5646-3927-3

Ⅰ.①追… Ⅱ.①陈… Ⅲ.①教育工作—研究 Ⅳ.①G4

中国版本图书馆 CIP 数据核字(2018)第 053066 号

书　　名 追寻幸福的教育

著　　者 陈加付

责任编辑 周　丽

出版发行 中国矿业大学出版社有限责任公司

(江苏省徐州市解放南路　邮编 221008)

营销热线 (0516)83885307　83884995

出版服务 (0516)83885767　83884920

网　　址 http://www.cumtp.com　**E-mail**:cumtpvip@cumtp.com

印　　刷 江苏凤凰数码印务有限公司

开　　本 787×1092　1/16　**印张** 14.75　**字数** 272 千字

版次印次 2018 年 4 月第 1 版　2018 年 4 月第 1 次印刷

定　　价 39.80 元

前　言

幸福是什么？从古至今有着太多的诠释和描述，几乎每个人的答案都不尽相同。

有人说幸福是爱，有人说幸福是健康，有人说幸福是金钱，更有浪漫者说幸福是能无限次欣赏着春天的绿、夏天的雨、秋天的果、冬天的雪。

我认为幸福是一种感受，一种体验，一种获得感，一种知足的心态。

对于教师来说，幸福的教育又是怎样的呢？答案仍是林林总总，无法统一。

苏霍姆林斯基这样讲："在教学大纲和教科书中，规定了给予学生的各种知识，但却没有给予学生最宝贵的东西，这就是——幸福。理想的教育是：培养真正的人，让每一个自己培养出来的人都能幸福地度过一生，这就是教育应该追求的恒久性、终极性价值。"

并不是所有的教育都可以培养出幸福的人，唯有幸福的教育才可以培养出幸福的人，让受教育者真正感受到教育的幸福。

让学校成为老师们教书的乐园、孩子们学习的家园，这才是我们理想中的好学校。也许，我们可以从苏霍姆林斯基那里找到幸福的源泉。

所有人，包括我们师生，都渴望获得幸福，但幸福不会从天而降。幸福需要追寻者用眼去发现，用心去感受，用双手去创造。

在学校，教和学不应成为简单枯燥的师生交流形式。想想现在尤其是在教学一线奋斗着的教师们，有多少人能真正感受到作为一位老师的幸福呢？如果我们每个老师在教育的面前感受到的只是疲惫不堪，那么我们在教育的道路上又能走多远呢？如果教师自己都感受不到幸福，又怎会想方设法让孩子感受到教育的幸福呢？

诚然，教育是现实的，但也应该与幸福相伴。现如今的教育虽然不可能总是幸福的，但是追求幸福的教育应当是我们全体教育者需要秉承的理念。

回顾自己20年的教学生涯，虽然觉得没有什么太多感人的事迹和骄人的业绩，但是不缺少的是作为一名平凡的教师，默默地耕耘在教育的沃土上，细细地品味教育的书香，静静地享受教育的幸福心态。

寒来暑往，课上课下，看着一张张清纯可爱的脸庞，感受着一颗颗纯洁无瑕的童心，我的心灵宁静超脱。

我深深地感受到：能够和天真无邪的孩子们做个忘年交，能够与“腹有诗书气自华”的同事们共处，才是人生最幸福的事。

“有一种态度叫享受，有一种感觉叫幸福”，人生是为了让自己幸福而存在的。既然我们选择了教师这项职业，“教书育人”必然成为我们人生不可或缺的重要组成部分。

因此，追寻幸福的人生，就应从追寻幸福的教育开始。

用欣赏的眼光来看待自己的教育生活，你就会多一种生活的满足。欣赏每一个孩子的脸庞，走进所有孩子的内心，被孩子们促膝环绕，这何尝不是教师的幸福、教育的幸福呢？

学生的幸福，是教师的幸福；教师的幸福，是教育的幸福。

学校，应当是幸福的乐园。每一位教育者，都要努力为自己建造成长的舞台，让自己的生命之花完美绽放，使幸福不断充盈在我们的教育生活中！

追寻幸福的教育，是一种健康的态度，是一种积极向上、乐观豁达、善良包容的人生观，是面对困难和挫折的坦然，是主动参与新时代、创造新生活的最好实践。

为了自己的教育理想，在花香弥漫的教育之路上，我们尽心播种，倾心收获，一路创造幸福，追随幸福，享受幸福！我们的教学生涯将因此而变得异常精彩。

在本书中，本人结合20年的教学经历及心得，从“我的幸福课堂”“我的幸福课改”“我的幸福收获”“我的幸福反思”等四个方面，与读者和同行共同分享追寻幸福教育的快乐历程和收获。其间，有收获，有欢乐，有泪水，有忧伤，更有对幸福教育追寻的坚强。

由于自己的水平有限，文中的一些做法和感悟一定有诸多不足，期待各位读者和同行批评指正。

陈加付

2018年1月

目　　录

我的幸福课堂

我的幸福课改

我的幸福收获

我的幸福反思

我的幸福课堂

课堂,教师"传道授业解惑"的主阵地。我们的施教态度会对学生的成长和自己的工作产生不同的影响。要拥有幸福课堂,教师应该拥有从教幸福感。教师的工作态度可以制造师生的痛苦,也可以激发师生幸福。作为幸福课堂的建设者,教师必须自己首先拥有愉悦的工作和生活态度,即幸福感,这样才能够打造幸福课堂。

没有幸福快乐的教师就不会有幸福的课堂,没有幸福的课堂就不会有幸福的学生,也就谈不上幸福的教育。

幸福课堂应体现在以人为本。以人为本,追求幸福课堂,既指以学生为本,又指以教师为主导,二者是相辅相成、共同和谐发展的。学生享受到作为知识主人所特有的学习原动力,才能够产生浓厚的兴趣、持久的热情、满满的自信心和无穷的创造力。同时,教师在课堂上也会经历成长,充分体现个体生命价值。

以生为本,以师为导,追求幸福课堂,让课堂真正成为师生观点碰撞、心灵相约的磁场,成为师生彼此质疑解难的场所、共同探寻真理的乐园。

现选取从教以来些许课堂片段,以回味我的幸福课堂。

让爱驻课堂

曾几何时,一首在2003年中央电视台春节晚会上演唱的歌曲《让爱驻我家》,风靡大江南北。这首出自普通家庭的歌曲,唱出了普天下所有家庭的心声。尤其是一家四口人所表现出来的那种亲情,令人向往。

作为教师,我们被称为孩子们的第二任家长,我们几乎每天都要接触学生,和学生一起学习、成长,而课堂则是我们接触学生的主要场所,是决定孩子未来发展的主要阵地。因此,营造一个温馨幸福的课堂学习氛围,我们教师责无旁贷。我们有义务让自己的课堂充满爱与欢乐。

课堂偶发事件是指与课堂教学目的、教学计划无关而出乎意料发生的,直接影响和干扰课堂教学过程的无关刺激或事件。课堂是我们教师施教的主阵地,一堂课的成败与否往往与我们的课前准备有关,然而即使再有经验的老师也避免不了这样那样的课堂偶发事件。恰当地处理课堂偶发事件不仅反映一名教师的教育教学水平,更能体现师德与爱。

至今还记得两年前发生在我课堂中的那次偶发事件。

那是一个星期四的第四节英语课,带着几分疲倦和饥饿,我展开了对学生的单词记忆提问。当提问到一名女生时,第一次她没有答出。按照惯例,我又提问了另外一个单词,她先是低声拼了几个字母,不作声了。我耐着性子又让她继续拼读,她却极不耐烦地拍了一下桌子,扑通一声坐下了。我有点气愤了,说道:“老师都没有对你失去耐心和信心,你怎么放弃了?今后,我希望全体同学首先要对自己有信心,在中考前的这段时间内,耐住寂寞,坚持到底!”那名女生却像受了天大的委屈一样,趴在桌上连课也不听了。为了不影响上课进度,我采取了冷处理的办法,假装若无其事地将课上完。

下课后,我想还是做做她的思想工作,以免影响她的学习情绪,于是让一名学生告诉她下午第一节上课前到我办公室来一趟。然而,等到上课铃响起,她也没来。下午课间大休息时,我亲自去叫她。来到办公室后,我问:“今天,你的学习情绪怎么不对劲呀?”“学习有什么用?学好了又有什么用呢?只有高干子女将来才会有出息!”她几乎是在咆哮。我愣住了,平时在我眼中,她是一名非常老实的学生，虽然成绩不太好，却从来没惹过麻烦。我问道："谁告诉你学习没用？难道有出息的人父母都是高干？穷人的孩子都没出息吗？古人还说，王侯将相，宁有种乎？你怎么这么消极哪？"她更加愤怒了："父母说我没出息，没用，我受够了！"我反问："老师放弃你了吗？""大部分老师口头上关心我，行动上却放弃了我，很多老师口是心非！"还没等我开口，她手一挥，"不谈了，说什么也没用！你们大人都虚伪！"

此刻，我心中百感交集，气愤之余，更多的是凄凉，为学生的冷漠，为教育的尴尬，同时更为师生之间的隔膜。

在冷静地思考后，我拨通了学生家的电话。她妈妈在家，我希望和她谈谈，了解一下孩子的情况。学生的母亲是一位非常通情达理的慈母，毫不隐瞒地介绍了自己的家庭情况。原来，孩子的父亲是一名普通工人，母亲已经下岗，去年又生了个孩子，经济条件不太宽裕。而这名学生一直认为是父母要的第二个孩子导致生活困难，因此，近两年来家庭内战频繁。父母忍无可忍时，也偶尔说些"你彻底不行了"的狠话，这更加深了他们之间的积怨。孩子将父母的气话深深埋藏在心，伺机报复。恰巧在我提问的她的前一天，她家的电脑坏了，父母认为是她上网弄坏的，其实父母误解了她，于是一场家庭大战又爆发了。带着内心的委屈，该生的情绪终于在我的课堂上再次爆发了。

了解了真实情况后，我感到学生不存在品质和精神问题，只是内心有一个没人打开的结。解铃还须系铃人，必须和学生、学生家长当面将一系列心理矛盾解决，否则将会引起更多的问题，最终影响学生的健康成长。

时间是个神奇的法宝，它可以抚平伤痛，化解恩怨。在冷静了一段时间后，我又多次做学生的心理工作，动之以情，晓之以理，终于学生态度变化了。最终，她说："我也理解父母的含辛茹苦，老师的辛勤劳动，我会努力去改变的，实在不行，准备上中专，尽快就业，去闯一番自己的天地！"

我的眼睛湿润了，多么善良的学生呀！也许平时自己的工作方法不对，也许太缺乏和学生的心理沟通了，更因为在繁忙的工作中，淡化了呵护学生幼小心灵的责任感。

仔细想想，我们的课堂中还有多少求知、无助的眼睛中隐藏着脆弱的心灵呢？也许生活中我们不缺少发现美的眼睛，而缺少发现无助、弱势群体，并且乐于施助耐心和美德的行动。

作为教师，我们没有权利选择学生，但我们有责任改变学生。教师的态度，对学习差的学生有至关重要的影响。因为学习差，在学校他们常常受到同学的歧视、教师的嫌弃;在家里常常遭到父母的训斥甚至惩罚。他们得不到应有的尊重和爱,常常和周围环境格格不入,自我感觉是班级中的“二等公民”。要消除这种隔阂和对立,重要的秘诀就在于尊重他们,尊重他们完整的个性和人格尊严。这种尊重要发自内心,使他们从教师的目光、表情、语言、举止中真正体会到尊重和关心。师生之间只有建立一种互相尊重、互相依赖的亲密真挚的情感关系,教师热切的期望、成功的激励才能通过这条情感的纽带源源不断地输入他们心中,促使他们战胜自卑,增强信心,启动成功的“内驱力”。教师不仅要给优秀的学生以赞美,更要抓住适当的机会对那些成绩差的学生多加表扬。哪怕是一个信任的眼神,学生一定会引以为豪,改变自己的定位的。

让爱像春天永在,让爱陪伴我们成功。

让我们拥有宽广的胸怀,去爱自己的每一个学生,让他们拥有爱和广阔的发展空间,为他们的“大器晚成”保存信心和勇气,为那些可能曾经被奚落的学生创造美好的前景。

记住:帮助别人,快乐自己!

难忘的家长会

怎么这么没出息，竟然哭了，哭得一塌糊涂。

许多磨难都不曾使我掉过眼泪，然而今天，当着全班同学，当着全班家长的面，我控制不住，哭了，虽然也知道难为情，可由不得自己。

在今天的家长会，我本不该发言的。作为代课老师，我只需要和家长就学生的单科成绩进行交流。

第一节是我的英语课，下课的时候，全班同学不让我走，让我在他们的家长面前求情，不要只关注分数，要看他们的进步，要鼓励他们。

我答应了他们。

还没到时间，几个学生就来叫我，唯恐我忘记了。

我去了，让所有的家长安静下来。我说我是受学生的委托过来的，他们很担心家长会之后会挨批，会挨揍。我告诉他们，你们的孩子很懂事，我们的学生很用心。他们希望得到你们的表扬，而不是冷嘲热讽；他们希望得到你们的支持，而不是拳脚相加；他们希望你们看得见他们的表现，而不是只盯着某一次分数；他们希望和你们交流，而不是拒之千里；他们希望你们换位思考，而不是做凌驾于孩子之上的父母；他们希望回到家不是听到你们的唠叨，而是你们的关心；他们希望你们别拿自己和别人的孩子比较；他们希望你们疼他们爱他们关心他们呵护他们，而不是分数带来的阴晴变化……

我举了我儿子的故事，举了12岁男童因为不堪老师父母的指责而跳楼的实例，举了安徽高三生不堪压力自毁的故事……

多和孩子交流，多相信自己的孩子，多看其成长过程的点滴变化，多对孩子笑一笑，孩子回报你的将是你意想不到的惊喜。

话音刚落，我赢得了学生热烈的掌声。

王苏走过来，一句话没说就泪流满面。她的爸爸看着她，哽咽着：这个孩子很听话，她的妈妈对她要求很严很严，她惧怕妈妈，喜欢爸爸。这次考试实际上是进步了，可是在妈妈的眼里，不是前几名就是不行。“要多看我们的进步”这句话是她要我给所有的家长说的。我问：“你为什么不亲自给父母说？”“没用的，他们会认为你是找借口。”的确，孩子已经很努力了，为什么不用欣赏的眼光看待孩子呢？王苏还在哭，我不停地给她擦着眼泪，她哭得更痛，我也跟着哭了。好多家长看到我哭，也跟着流泪。这就是我们的孩子，很懂事，懂事得让人怜惜，可是在某些家长、某些老师的眼里，就是不够优秀，不够努力。这种漠视伤了学生的心，也劳累了自己的筋骨。

李珊珊，一个漂亮内秀的女孩。等家长陆陆续续走的时候，她还在哭。我走了过去。原来是家长没来。

“没来，你为什么哭呢？”我有点疑惑。她说：“我希望这次家长来，能听听您讲的话。”她还说：“从小学到初中，每一次家长会，老师都像是告状，无论成绩怎样，得到的都是唠叨。好的时候，会说你不要骄傲，哪方面还需要努力。差的时候就是恶狠狠的眼神、难听的话语。只有这次，你讲的和他们不一样，听着你的话，我就想哭，因为爸爸妈妈还是那样的思想，我从来不曾得到他们的表扬，除了让我努力学习，就是让我使劲学习。”我给她擦着眼泪，男生围了过来，一个个递过来纸巾，诉说着各自的遭遇。

心就是这样软，再苦再累再难都不怕，就是怕看到别人的眼泪，嘴里说着劝说学生的话，眼泪却止不住地往下流。

“老师，你太棒了，你太伟大了。”张静给我伸出了大拇指。“可惜我的家长也没有来。学校说这次没来的家长要下周一还是要来。老师，你能不能下周一也过来，跟我的家长说同样的话？”学生的眼里满是期待。

“行，哪里需要我，我就出现在哪里；什么时候需要我，我就什么时候出现。”我允诺了学生。

“老师，你解救了我们。”褚超群也凑到了我面前。

我笑笑，眼里还挂着泪。我怎么能够解救他们呢？根深蒂固的思想，又岂是三言两语能够扭转的。但是我相信，回到家后，我的学生不再受到恶语的袭击，也不会遭受武力下的教育。

角落里的华涵彤还在哭，学生说自从期中考完试，她就经常一个人趴在座位上哭，谁劝也没用。

我想，她一定受到了更大的打击吧。或者是问题难以解决吧。

我走了过去，告诉她午休的时间过去找我。她点点头。

放学了，同学们要请我吃饭，感谢我这次的“救命之恩”。

实际上，能救他们的只有改变当今成人成才的评价方式。在我看来，似乎有点遥远。只希望我的学生能多一点快乐，多一点自由。

晚自习的收获

今天晚自习时，我让同学们用一节课时间把第九单元的单词记会。当然不同程度的学生需要掌握的内容也不一样。我的要求是：不管你采取什么方法，完成任务就可以自由。这句话刺激了学生的大脑。为了早点完成任务，做自己想做的事情，他们摩拳擦掌，颇有不完成誓不罢休之势。

我随意看看，发现角落里的张衡和华校没有行动起来，桌前的英语书还没有打开。

他们俩是学校篮球队的，对学习总是不够尽心，总以训练为由为自己开脱。其实，他们俩很聪明，很单纯，很受大家的欢迎。

我走过去，试图让他们投入学习中。

俩人做做样子似的打开了书，却无从看起。

我领着读了一遍，俩人还是无所适从，找不到学习的感觉。

这时候旁边的华文静对我说："老师，让我试试，张衡最听我的话了。"

我答应了。

华文静一边领读，一遍解释如何靠分解记忆这个单词。

俩人倒是跟着读，提不起劲头来。

"大声点，晚上没吃饭吗?"华文静一拍桌子，惊了俩人一下。

渐渐地，有了力气，有了精神。

我窃笑，原来我还不如学生华文静呢。

很快，俩人记会了十个黑体单词，很骄傲地向我汇报。

我笑着说："以后你们俩归华文静管理了。"

俩人连声求饶，事后才知道他们俩谁都不怕，就怕华文静。

一物降一物，我窃喜。

华文静很爽快地应承下来。能够带动他们学习，华文静本身也很高兴。

由此我想到，不是大家没有学习的欲望，只是我们不会调动，有时候学生的作用要比老师大很多。

利用同学们之间的私交关系，成立学习协作组，也不失为一个好方法吧。利用男女生之间的好感关系，互相促进，也未尝不可吧。

调课的意外收获

好久好久没有写《我的学生我的课》了，因为我的学生，也或许是因为自己吧。疲惫，浸染的都是疲惫，什么可以驱赶疲惫呢？

两周前，七年级的一个英语老师因病请假，全校的英语老师就我一个人带着一个班级，接班任务理所当然地就落到了我身上。心不甘情不愿，但还是挑起了担子。

本以为这种逼迫的责任会让我反感，会让我应付，一天过去了，两天过去了，一周过去了，两周过去了……我和七年级这个班的学生竟然有了感情，有了责任，所以我用“我的学生”来称呼他们。现在说说课堂上发生的一些可爱的小故事吧。

有十几年都没有带过七年级了，感觉班级里的孩子叽叽喳喳的，像小鸟一样快乐；乱乱哄哄的，又像小鸡一样黏人。他们和九年级的孩子完全两样，每次提问题，一双双小手争先恐后地举起。“老师，叫我。”“老师，我会。”

“我不提举手的，我专提那些不爱举手的同学。”我耐不住叽叽喳喳的吵声，突然间改变了策略。

那些学生不情愿地放下了手，这时最后排的一个男生高高把手举起，甚至要站了起来，兴奋之情溢于言表。

“就那个男生吧，我不好拒了你的激情啊。”我笑着指向了那个举手的男生。

“老师，你不是说你不叫举手的回答问题吗？我好容易有机会举了一次手，就是想感觉举手的滋味。”

“哦，我怕我不提问你，伤了你的心啊。”我开着玩笑，全班同学都已经笑得前仰后合了。

因为我笑了，这个学生也笑了。

我悄悄地走到他身边，附在他耳边说：“想举手，你每次都可以。会的时候举右手，不会的时候举左手。”

“老师，那我举右手的时候你再提问我。”

“当然，但这是我们俩的秘密，别告诉别人。”

他做了一个 OK 的姿势，笑得更加灿烂了。

之后，他真的如此，次次举手，每次提问都会，举右手的机会越来越多，全班同学都对他刮目相看，自信彰显在笑容里。

“老师，你的独门妙计真好，我以前几乎不举手，偶尔一次老师也看不到，所以感觉课堂都与我无关了。”

“我也是学来的。”

其实，这个方法还是我儿子告诉我说的。他是从一本书上看到的，说书里的那个孩子后来很厉害很厉害，儿子很喜欢这种方法，讲给我听，让我给我的学生试试。我就用在了这个学生身上，还真是有效。

又有一次课堂上，我没有先领读单词，让学生先自己试读。结果我让学生站起来读的时候，没有一个愿意的。

我有些沮丧，这可不是我想要的结果。我也明白，之所以不愿意，是因为他们不够自信。毕竟一遍都还没听。

“有一个上幼儿园的小女孩，刚开始时她很害羞，不愿意表达自己。后来，她变了，每次都举手，什么活动都愿意参加。她妈妈就问她：‘你不会的时候怎么也敢站起来啊？’她说：‘妈妈不是说不会咱也可以站起来，只要我们站起来了，我们即使一句话都不说，也比他们强了。因为他们没有这个勇气啊。’原来她记着妈妈的话，你们知道这个小女孩是谁吗？”

学生们都很感兴趣，急切地想得到答案。

“就是你们孙梅老师的女儿啊。”

话音未落，第一排一个男生站起来了：“老师，俺不会。”

全班大笑，我也跟着笑，“他站起来是不是比你们高一截啊？”

又一个男生站起来了：“R－U－L－E”。

全班又笑，原来第一个单词是 rule，他不会读，就按照字母一个个读出来。

“大家真的很聪明，孺子可教啊。”

这时候大家纷纷愿意试读，虽然不够准确，但他们有勇气走出第一步，还用担心他们走不出第二步、第三步……

这些可爱的孩子们，每次回家给儿子讲起，儿子都会笑得前仰后合，直说“你的学生真好玩”。

是啊，七年级，本就天真、可爱、无邪。怎么到了九年级，对这一切都默然了呢，是成长的代价吗？

因为我同时带着七年级和九年级两个级部，总是会对比会发现，结果是《我的学生我的课》系列又开始了……

鼓励的力量

王永超，我的学生，原先各种能力都是一般。最近不知怎么了，疯狂了。以前背书默写作业都需要督促，这几日，背完 3a 背 3b，默完单词默句子。积极性空前高涨，下课就找我背书默写，现在已经提前两个单元完成了任务。

“你疯了吗？”

“记忆力这么好？”

“以前怎么拖拖拉拉？”

“发生了什么事？”

我戏谑地问他。

“这几天心情好。”王永超答道。

“难道以前心情不好，还是我以前对你不好？”

“不是的，就是这几日心情特好，想学。”他辩解。

“保持下去，你会成为天才。”我继续鼓励着。

“一定会的。”

课下我询问其他同学，才知道王永超这几日，自习课课上、课下时间全部用来学习英语。大家也都说他疯了。

原来不是他的记忆力好，只是他功夫用得深。

记得上次刚学完 3a，三分钟不到，他就来复述课文。当时我无意中说：“你成神童了，这么快。”就是这句话，使得他为了拥有这个名誉，在课下用了很多功夫。

只是，他从来都没给我说。

我继续鼓励着，装作不知道。

我的学生我的家

要开学了，既不舍暑假的清闲，又期盼师生的再相见。

这几日，通过空间，我感觉到学生急切上学的心情。许多同学都在抒发：要开学了，好激动啊！

“激动”一词也让我激动了一番。还记得前几天回老家，学生静看到了车里的我，我没注意到她。晚上看到她的微博：今天看到了我最最亲爱的英语老师了，可是没来得及打招呼，好遗憾啊！

看到学生对我的牵念，很受感动。一个假期，总是收到学生的信息，忙的时候就忽略了，百无聊赖的时候才想着聊几句，对于我的理睬，他们总是很珍惜，还互相转告和英语老师聊了什么，像是在炫耀，又像是在用另一种形式表达思念。

这几天，面对着重新合班，总有学生问我是否还教他们。我戏谑道：十八分之一的希望(平均分成18个班)，那就要看我们的缘分深浅了。

欣听了很忐忑，唯恐我离她太远。十天前是她的生日，她邀我参加。我从网上送了礼物，送了祝福，她还不满足，非要我亲自去，说这是最好的礼物。我答应欠着，以后一定想办法还。没想到她以这次分班相“要挟”，进我的班就权当还了上次欠下的账。呵呵，机灵鬼怪的小妮，我又怎么不晓得她的心思呢。一年来，我给过她两次奖状，这是她上学以来唯一得到的两次，她实实在在进步了许多，虽没有超越别人，但超越了过去的自己。她很高兴，我也为她高兴。

面对着可爱的学生、烂漫的心灵，我总是不忍离开他们。本来，我可以选择另一种工作，可以有时间停下来看看书写写字，做一个早已规划好的闲云野鹤的自己，最终还是没有拗过内心的召唤，回了学校，回到学生的身边。如果他们知道我曾经的动摇，曾经要弃他们而去，他们是否会原谅我呢？

面对着新环境、新制度，这儿是否是我的家呢？

但一想起学生，就有了家的温暖、家的感觉。原来，有学生的地方，就是我的家。

体育老师家里有事

今天第四节下课的时候，我说下午的第一节上英语，体育老师有事请假了。

本以为学生会很失望，很反感，没想到学生“嗷”了一声欢呼起来，尤其是那些大男生们，高兴地站了起来。

“你们这么喜欢英语课啊？没想到，真没想到。”我也跟着兴奋。

“××喜欢英语老师”，一个女生嚷了起来，其他同学跟着哄笑。

我故作无所谓地说：“喜欢好啊，喜欢我从而喜欢英语，多好。”

“不是，老师，这是两回事，喜欢你和喜欢英语挂不上钩，对英语我可是狗屁不通啊！”一个学生搭讪道。

我笑了，“狗屁不通”让我想起了第一节课。由于面对陌生的面孔，对这两个学校的学生不了解，我给学生介绍了我的分层教学，因为需要他们根据对自己的认识，为自己进行A、B、C、D四类定位，收上来一看，有7位同学不约而同地一致写道：我狗屁不通，但想成为A类。我将这7位同学的名字深深刻在心里，随时随地注意他们的变化。的确，他们基本上是空白，不会读，不会写，不会说，也不想学。每一次布置任务，我都会给他们专门开个小灶。他们在力所能及的范围内完成任务，一星期下来，竟然也学会了几个单词，能说几个句子。展示的时候，我故意选择最简单的任务给他们，目的是树立信心，有点希望。这几个同学就是听说下午要上英语课最兴奋的学生。

下课听学生说，他们已经好久好久没有被老师叫起来回答问题了，也很久很久不曾学习了，成了被遗忘的角落、已经荒芜的杂草。他们说是我的分层教学让他们也能够完成任务，在老师眼里也能够和其他同学一样被提问、被关注、被喜欢。

原来，每个学生都有温暖的一面，只要你愿意去寻找。

学会交流

周五的自习课上，我布置了周末作业，同时说了王永超超额完成各项作业的事情。

同学们唏嘘不已，纷纷发表意见，有的说真厉害，有的说他太偏激。

“亲其师信其道，喜欢某个老师就会喜欢某个学科，从而喜欢学习这门科目，我想王永超肯定很喜欢我这个老师，才如此拼劲学习吧。”

末了，也不知怎的说了一句很没有水平的一句话：“不知道那些英语成绩不好的同学，是不是不喜欢我呢？”

话音刚落，同学们一片哗然。

几个男学生率先站起来反驳。

“老师，我们不同意你的观点，我们喜欢你，想学，就是学不会，成绩不好，我们也着急呀。”

是啊，如果每个人成绩都一样，那就不正常了。

“那你们及时交作业了吗？”我问。那几个同学挠挠头。

接着我数落着××助学没及时交，××配套练习册没交，××错题集没交。

“交不交作业是态度问题，不是能力问题。一套题，会几个做几个，及时上交作业是最基本的原则，你们做到了吗？”

“但是这并不代表我们不喜欢你呀？”那几个学生还在振振有词。

下课了，我走出了教室。

刚到办公室，几个女学生紧跟着进来。她们还在为我那句没有水平的话耿耿于怀。

“老师，我们成绩不好，可是我们真的很喜欢你，你的那句话我们听了很难过。”

一个个还有欲哭之势。

没想到无心之话，竟然伤害了这些在成绩方面的弱势群体。

下次要学会交流了。

老师也爱吃零食

几个学生从学校门口进来，每人手里拿着零食。

我迎面走上去，学生习惯性地问："老师，你吃吗？"

也许是天晴心情也好吧，我接过学生的零食，倒出了一点点，又问旁边的那个同学要了一些别样的零食。

别班的同学不禁感叹了一声："你们的老师真好。"

我的学生骄傲地应道："当然了，我们亲密无间。"

我就疑惑了，我问学生要东西吃，怎么就好了呢？我就问了别班学生。

"你肯吃学生的零食，说明你们感情好啊，老师要是跟我要东西吃，我会很幸福的。"

原来如此，并不是只有奉献才会取得学生们的爱戴，有时候向他们索取也是一种爱。

课堂小老师

课堂上，高萍和周晓庆又在窃窃私语着什么。

我悄无声息地走过去，想出其不意攻其无备，给她俩一个下马威。

还没等我走近，旁边的同学碰碰她们的桌子，两人的眼睛又转向了课本。

我知道，两人的眼睛虽然没离开过课本，心思早不知去向。

“高萍，能不能把 3a 复述下来，多少都没关系。”我试探着，想让她们把注意力收回来。

“对不起，我不会。”

“你呢？”我转向了周晓庆。

她也摇摇头。

“老师，我会。”一旁的侯强站起来。

我吃惊地看着他，要知道，他也是属于不学习之列的队伍中。

“You are never too young to start doing things. ”

侯强一脸自豪地坐下，铿锵有力，音正腔圆。

我伸出了大拇指，连称：“Good，very good”。

“就这一句话，我也能会啊。”高萍和周晓庆不以为意，很是不服气。

“那你们说说看。”我给她们展示的机会。

“老师，你等等，我们马上就能够会背会默。”

两人大声地读出来，还不时地比画着。

很快，两人完成了任务。

“那你们刚才怎么不记？”我在为她们的走神寻找原因。

“我以为是这么一大段，反正怎么样都不会，所以就放弃了。”

原来如此，跳一跳能摘到苹果，学生还想去做。如果再跳再蹦也枉然的话，想必一开始就放弃了。

侯强跟我说，是他的组长让他在规定的时间内只记住两句话，任务就算完成，这两句话是组长分配的重点句子。

我还不如组长有心呢，不禁暗暗自责起来。

“5 分钟，还能再记住一句话吗？”我的眼神充满了鼓励和期待。

“能，那是必须的。”周晓庆笑着回应我。

然后就看见她俩不走神了，也不说话了，比着谁先记住呢。

再看看这篇文章，用分解的方法，在规定的时间内一样能够完成。

原来降低要求，一样可以精彩。

新的一年

离别了一个月的校园，再次归来，依然亲切。

尤其是见到久别的学生，兴奋跃然脸上。

送走了2016，大家虽不情愿地长了一岁，可是容颜依旧，笑声依旧，吵闹依旧。

××，数学几乎满分，英语有所欠缺。由于是独生子，免不了有些娇气。

每次让他多做一点题，他就要跟我撒娇，十几岁的男孩子，“俺不……”总是挂在嘴头，让我忍俊不禁，对他总是严不起来。

我喜欢这样的学生，天真、单纯，心里没有太多的事，他知道你是为他好，但是他也想争取属于自己的快乐，我觉得这比那些委曲求全的要可爱得多。

和可爱的学生在一起，生气都是装的。

学会放手

今天教研室来检查，跟着听课座谈交流反馈，原有的下午第一节课只能自习了。

午饭时间匆匆去了一趟市区，来到时已经上课。没来得及给学生安排，就跟着教研组反馈了。

第八节课还是去了教室，不是不放心那节课怎么样，只是惦记着学生，一天没见，难免心中空落。

当问起那节课都干了些什么，才知道由学习委员主讲，把要处理的助学、配套练习册都讲完了。

吃惊的同时便是惊喜：他们怎么知道我的心思做了我打算并且想做的事情呢？

他们还从我办公室拿走了我的麦克风，听同学说班长和学习委员都争着讲课呢。

效果呢？

“我们都听懂了。”异口同声的回答让我很是欣慰。

“看来不需要我了。”我故作生气状。

“需要，很需要，非常需要。”没想到我的三句口头禅成了他们的温柔刀。

呵呵。这让我想起了早上和同事坐车时的交流。都说这模式那模式，同事说他没有模式，只知道用自己的方式对自己的学生，那就是“攻心”，我异常赞成同事的说法，他的班级成绩不仅每次名列前茅，且超出第二名平均分 10 分。这就是他的特色、他的模式。

而我的初衷是，我的学生不仅成绩要好，更重要的是要快乐，如果两者选其一，我会让他们选择后者。一个不快乐的人、不健康的人，他所谓的优秀成绩又能带给他什么？

也许正是这个出发点，我的学生学会了从对方角度出发，学会了善待别人，学会了己所不欲勿施于人的道理。

合作的力量

今天这节课，学生参与率达到90%，整节课气氛好，融洽和谐，即使最不爱学习的单良也参与了进来。

6个大组，每组基本上10人，每一次对话练习都有6组同学进行，这样一次就有12位同学参与进来。这节有3个新句型，也就是36个同学参与进来。

最初，总是由组长或者程度比较好的同学参与进来，其他同学积极性不高，无所事事。于是我要求每次参与的人不能一样，赛赛哪组最好，功劳在组长也在参与者，加分成倍。

话音刚落，我就发现组长下了位，跑到程度不太好的同学那里，手把手教起来。对于难度较大的句子，我发现组长给予简化。我还发现组长吩咐另一个同学去教其他同学。

看在眼里，喜上眉梢。

其实以前也尝试过，很多次都被我不自觉地破坏，为了赶时间，为了赶进度，总是草草结束。

其实每个同学都愿意尝试，只是我们不给机会，无形中扼杀了他们向上的信心。

一节课下来，全班56个同学，50位同学有机会站起来，我发现那些不曾回答问题的同学脸上散发出异样的光彩，下课后手牵手高高兴兴跑出了教室。

静待花开，不仅要说，更要去做。

呼唤本真的课堂

今天，教研室数学教研员李老师听了我的一节课，虽然她不是我的英语教研员，这节课我还是用心准备了。

可是预想的与现实差别很大。

一向喜欢回答问题的同学扭扭捏捏，主动性不高。

一向三分之二参与率的现象，这节课仅有三分之一。

一向满不在乎的学生，这节课也总是低着头，没有激情，没有活力。

一向喜欢下位的李良，这节课竟然安静地坐了40分钟，很痛苦的样子，让人于心不忍。

我知道，他们想表现得好，想给听课老师留下好印象，所以不善表达的同学，不敢站起来，怕给老师丢面子。一向我行我素的同学，安静得让人担心，我知道他们也是想表现好，不愿给听课老师留下坏印象。

其实，他们何曾知道，本真才是最美的自然。

我喜欢他们平时的不拘小节，喜欢不会也愿意站起来一试的勇气，喜欢大家叽叽喳喳像小鸟一样快乐的样子，喜欢他们可以大胆说出自己的不懂也不愿看到他们在那儿不懂装懂的乖态。

他们虽然懂事了，可是他们失去了自己，也就失去了整个世界。

下课时，我说你们这节课表现不好。

学生一愣，齐声问“为什么”。

“你们没有做自己。”

“可是……”

“你们虽然让我感动，同时也让我心寒。”我打断了他们的话。

也许他们会懂，也许他们永远都不会懂。

多余的担心

《我的学生我的课》也不知写到哪了，一个假期在百无聊赖中溜走，偶尔地忆起，也是淡淡的，有点酸还有点甜。不在一起再多的美好回忆也只能是一种感觉，没有近距离的触摸，总感觉少了点亲近。

这不，盼着盼着，开学了，由于班级重组，学生不再是原来的学生，我还是当初的我。我怀着几分忐忑几分期待走进了教室。

“鼓掌”，我刚踏入教室，一个学生带头拍起了巴掌。

原来是别的班级的SYC，犹如他乡遇旧友，心中涌动着一股暖流。

SYC，也不是我的亲学生，他成绩优异，比较好动，喜欢篮球。在原班级，当大家都反对他参加篮球队的时候，我说了一句：做你喜欢的事。自此，他和我有了除了师生之外的接触，虽不经常见面，但只要遇见，就会热情之至，渐渐地有了比亲学生还深的感情。

一节课，SYC总是笑嘻嘻，抬头，低头，左转，右看。

“SYC，你能不能端正些，安静些？”我也是笑嘻嘻地说。毕竟第一次和全班同学见面，不能留下“恶婆”的印象。

“老师，看到你教我们，我控制不住地高兴，没办法不笑啊。”全班同学都跟着哄笑起来。

“既然如此，那就要维护课堂，维护我。”我故作严厉状，心里却是喜滋滋的。

第一节课，聊了半个小时，其中让每个人都写了一份对自己的认识，以便于分层教学。剩下的时间，学了10个单词，在全部会读的情况下，有的同学必须全部掌握，有的只需要掌握黑体字，还有的只掌握两三个。我看到了大家眼中的希望，都愿意跳起来去摘树上的苹果，因为只要用点劲，他们就有可能摘到，不至于丧失了信心，动也不动。

这节课，有5个同学全部掌握，当堂完成了任务。课下只需要预习，不需再写单词。其他同学根据自己的需要，自己决定写几遍。

下午放学的时候，课代表将作业交给我。令人欣喜的是，60位同学，除了那5位之外，55个同学全部完成了作业，几遍的都有，我很感动，感动他们认真的态度，更重要的是他们的诚实。

本以为，合班之后的学生不好管，本以为，得过且过的学生肯定有那么一两个，没想到，真的没想到，明天上课一定要使劲地表扬他们，他们让我感动，我也会给他们喜悦。

……

这个教师节有意义

今天是我第一天上晚自习,把六点二十记成了六点四十。当我走到教室门口的时候,静悄悄的,难道不是我的课?

我悄悄地走进教室,发现班长正在讲课,内容是我白天布置要处理的内容。其他同学静静的,丝毫没发现我的存在。

谁安排的?班主任吗?

我很感动,这届学生本是我很忧心的,也曾和其他老师交流过这届学生的难言之痛,没想到,没想到,教师节这天给了我大大的安慰。

我走上讲台,同学们发现了我,齐声祝我节日快乐,一个个快乐得像小鸟,叽叽喳喳,完全打破了刚才的沉寂。

"怎么不去叫我上课?我没安排你们自己上课呀?是你们班主任吗?"我激动地一连串的问题。

"今天教师节,想让你休息,所以我们就要求班长给我们讲练习题了。"课代表于是说。

一句"Thank you"表达了我所有的情感,同时深深为之前对他们的不信任表示惭愧。

这一节课,我上得很卖劲,学生学得更是起劲,我仿佛听到了潺潺溪水流动的声音,那是学生至纯的心灵。

情绪调节站

今天一天都被学生杀害班主任的事扰得心神不宁，还是想点愉快的事，给心一个地方歇歇。

英语课上，我一向是提问从前向后，我的观点是只要站起来，开口就行。

轮到孙忠仁了，我的课代表。记得第一节课我选学习委员的时候，他问：有什么条件吗？

我答：只要愿意为大家服务，品德第一重要。

"那成绩呢？"他继续追问。

"不重要。"

我话音刚落，他就第一个站起来，"我当"。

当时大家哈哈大笑，从大家的表情中我知道，他的学习肯定一塌糊涂。

果然，在介绍自己的时候，他用了"狗屁不通"四个字。

我还是答应了他，学生的自尊比什么都重要，我认为。

"How do we deal with our problems?"我问。

"nani（纳尼）？"孙忠仁反问。

我又重复了一遍问题。

"纳尼？"他继续问。

"What?"我也反问他。

"老师，他说是'什么'的意思？"许多同学给我解释。

呵呵，我又何尝不知道，"纳尼"是日语，是"什么"的意思，一个假期跟着儿子看《爱情公寓》，听得最多的就是"纳尼"了。

"你跟我说'what'。"我笑嘻嘻地对孙中仁说。

"What"，很流利的英语，我使劲表扬了他。

他很高兴，我同时告诉他英语课我们要说英语啊。

他点点头，随口说了一句"What"，惹得大家啼笑皆非。

只要相信，一切皆有可能。

期　待

放假的最后一天，我像往常一样走进了学校。

办公室门口，已经有两个女生在等候。她们是来等我的，一进门来，就提起水瓶去打水，不用我一言半语。

打水回来，一个女生问我："老师，我们可以坐下吗？"

"当然可以。"我欢喜地应承着，表现出极大的热情。

"老师，八年级你还带我们吗？"老生常谈的一个问题，在放假的前两周，只要我课间时间走进教室，学生就会围着我问这个问题。

"不一定。"每次我都这样回答，因为我真的不确定是否还继续留任。而学生得不到我确切的答案，誓不罢休，因为他们希望的答案只有一个，那就是继续给他们上课。

我不是不想，有太多太多的变故，谁又知道谁的明天怎样？

我感激学生的挽留，却不想含混地给予答案，因为我一直的真诚，才赢得了他们的爱戴和不舍。

他们本不是我的学生，在年初 3 月份，他们的英语老师因病请假了，当时只有我一个人带着一个班级，我责无旁贷地就走进了他们班，而且，一走进就是三个半月。这三个半月，我同时兼带着九年级的一个班级，楼上楼下地跑，知道我忙，所以他们轮流着主动承担了我办公室的一些杂活，我也一直很用心地对待他们。我的小组竞争，引发了课堂暴动，即使成绩最差的学生都愿意回答问题；我的愿望激励，激发了学生思维，即使沉默是金的 W 也参与进来。

他们是爱我的，就像我爱他们一样，真心真意的。

L 说，老师你还欠我一个愿望，放假前就满足我吧。

"说吧，我能做到的绝不说 NO。"我信誓旦旦。

"八年级继续带我们班吧。"我一时哑然，心中却是暗喜，能得到学生的认可，这比任何奖励都珍贵。

……

鱼与熊掌?

最近发现学生们太活跃了,因为我鼓励大家说,只要敢于站起来,只要开口,你就是最棒的,你们小组就可以多加分。我提倡几号讲题,小组就得几分,所以各小组为了得高分,都让 7 号、8 号的同学讲题,因为他们自己寻到了一个捷径,自己不会,找同学解答。刚开始为了鼓励大家,我没有反对,可是这种现象越来越多,本想通过这种方式调动积极性,让所有的人参与进来,结果是参与进来了,但是我发现效率降低了。难道是我错了吗,还是缺乏耐心,还需要再等待一段时间呢?

今天去了儿子学校开家长会,前不久也偷偷地溜进去观察他们的晚自习,发现我的这些学生和那里的孩子差距太大了,尤其是行为习惯的养成。这让我想起了急功近利几个字,谁的过错呢? 究竟什么样的教育是好的?

可以肯定地说,我的课堂学生是放松的,是快乐的,没有一个学生被拒之于课堂之外,他们的精神是富有的,可是当看到他们的成绩不尽人如意的时候,我也会动摇,也会畏首畏尾,是方法不对,还是时机有问题,或者是时候未到?

但一想到学生灿烂的笑脸,心情就轻松了许多。

童真的祝福

一周不见学生了,想念满满的、沉沉的。学生是否也如我一般期待着相见呢?

早上刚刚打开办公室的门,四个学生就蜂拥而入。

“老师,你终于回来了,可想死我们了。”课代表L说。

“我也想你们。”我回应着。

“老师,课讲得怎么样?”曾自告奋勇自我推荐当课代表的S问。

“你老师还能差吗?”我反问着,总想在学生面前保持着一个完美形象。

几个同学鼓起掌,纷纷向我祝贺。

打铃了,他们不得不回去上课了。

“老师,拥抱一个吧。”课代表L伸出双臂,恋恋不舍地离开。

“我也想拥抱一下,可是不敢啊。”男生S讪笑着。

第三节是我的课,好久没见了,还真有点迫不及待呢。

我刚踏入教室,震耳欲聋的声音袭来:老师好,老师辛苦了。

“大家辛苦了。”我看到黑板上赫然写着几个大字:Welcome back to our class,末尾还画了一个大大的笑脸。

接着就是叽叽喳喳,课代表汇报了我不在这一周的学习情况,许多同学还不忘关心我的讲课结果。当听到我信心十足的回答后,全班响起了热烈的掌声。原来我已经成了他们的骄傲。有点惭愧,做得不够啊。

一节课,大家都很努力,下课的时候,一个女生送给我一个棒棒糖,并说节日快乐。哦,原来是“光棍节”啊。

许多男生也过来凑热闹,我呵呵笑着:“谁说11月11就是光棍节,也可以说是一生一世一心一辈子啊。”学生被我逗得眉开眼笑。

“每人一根棒棒糖,祝大家节日快乐。”我也越发兴奋,就随口允诺了学生。

其实,在我离开之前,我曾给学生许诺过:如果表现好,我给大家带礼物。礼物没带,这也算是我对他们的补偿吧。

虽然一根棒棒糖轻如鸿毛,但我深深感觉到了大家的快乐。

他们快乐,我也快乐。

相亲相爱一家人

今天晚自习，学生S硬是给我一杯酸奶。我推了两次，最后竟然放在我的办公室里。

我欲拿着送给其他学生喝，她跑过来拦住我，说是给我的，不要枉费了她的心意。

盛情难却，接受吧。

第三节是自习课，不时地有学生过来找我聊天。本想打算利用这个时间整理点材料，哪曾想这些可爱的学生怎么赶都不走，围着我问东扯西。

“老师，你知道吗？你第一次进我们班，我们以为你没结婚呢？”

“像吗？”

“嗯，还记得S问你有girlfriend这回事吗？当你说有wife的时候，你不知道我们有多失望。”

呵呵，想起来了，确有此事。

“为什么失望？”

“我们觉着你不错，想把你和我们以前的一个英语老师配对呢。J还问我是不是你们很般配，我说可以。”

“呵呵，你们逗我玩吧。”

“J还说结婚也没关系，但当听说你的son都三岁的时候，我们是彻底绝望了。”

L说得眉飞色舞，我却笑得岔了气。

没想到他们还有这一想法。

“老师，你真好。”

“好在哪里？”

“说不出来，哪儿都好。”

“呵呵，你们是在拍马屁吗？”

“怎么会呢，实话实说而已。”

“我真的有这么好吗？我怎么不觉得。”

“还记得学校发的萝卜，你都送给我们班吃了。”“还有带的苹果，我切了53份，每人都尝了一小口。”“还有11月11号，你从烟台回来给我们每人买了一根棒棒糖。”……

“你们不是也经常给我送东西吗？”千真万确，我有不吃早饭的习惯，后来有学生知道了，我的桌上就总会出现一块面包或者鸡蛋之类的点心，每次还附了一张便条：记得吃哦，很有营养啊。

我都记在心里呢。

于是也越发地疼爱他们，总是把他们当作自己的孩子看待，每次要处理一些不愉快的事或者要大发雷霆的时候，我就想，假如对方是我的孩子，希望老师怎么做呢？

渐渐地，我和学生越来越融洽，越来越亲近。

我知道，我不可能让每一个学生成绩都优秀，但我有能力让每一个学生品质都优秀。分层教学便是我的法宝，他们都能够在各自的位置上收获着。

今天接到韩光亮老师的电话，问我的特色教学怎么样了。

呵呵，已经在潜移默化中融合了，没有了刻意，也想不到了特色，平常而已。

我想真正的特色应该是无形胜有形，无声胜有声吧。

我没特色，于我而言，学生就是我的特色。

课堂教学实录(一)

Unit 9　Section B-Period one

Step 1　Teaching and learning aims

T:Dear students. In this class we will have a good time together, are you ready?

Ss：Yes,we are.

T：OK. Now read the learning aims quietly, make sure you can know about what we will solve in this class. Three minutes, OK?

Ss：OK.

【点评】 陈老师展示学习目标一改平时很多老师常用的"老师读,学生听"的做法,让学生默读,突出学生主体地位,创造更多的机会,"学生能做的,老师绝不越俎代庖"。

Step 2　Warm-up

T：Hello, everyone! Do you remember these past forms? Let's chant!

(展示 do—did; go—went; have—had; play—played; stay—stayed; clean—cleaned; read—read; sit—sat; write—wrote; cook—cooked; look—looked; visit—visited。让学生眼看过去式,跟着课件中的鼓点节奏,手拍节奏,边 chant 边复习这几个动词的过去式)

【点评】 这一步的"热身",陈老师运用 chant 复习了某些动词的过去式,这些过去式都是这节课能用得到的,节奏感很强,既活跃了气氛,又复习了旧知,还为本课的学习打好了铺垫!

Step 3 Revision

一、Revision and ask questions

T：(出示 Guess) What did you do on May 1st? Do you know what I did on that day? Please guess and answer: What did I do on May 1st?

S1：You did your homework?

T：Haha. No, I didn't have any homework. You had homework. Did you finish your homework?

S1：Yes, I did.

S2：You played basketball?

T：No, I didn't.

S3：You went to the park?

T：Went to the park? Right? Please look. (展示自己在公园的照片) Ah, yes, I went to Luxun Park. You're smart. Cheer up.

(The same with "What did I do last night?" to revise "read a book/did some reading".)

二、Ask and answer in your groups(自我复习)

T：How was your yesterday? What did you do yesterday? Look at the pictures. Then ask and answer in pairs. (出示本班学生活动的照片，让学生进行问答练习)

Ss do that in their groups.

T：Are you ready? Go!

S1：How was your yesterday?

S2：It was great.

S1：What did you do yesterday?

S2：I cleaned the room.

(The same with: did homework, studied English, played computer games)

【点评】 陈老师复习的方法让人眼前一亮！复习分为两个步骤：一是师生对答进行"复习引路"，二是学生之间的口语交流进行"自我复习"。并且，运用自己和学生的照片进行复习，让学生倍感亲切，增强了课堂的生动性和趣味性。

Step 4 Check the preparation for this class

一、Check your papers(检查“导学案”)

T：Did you prepare our new class well? Let's check our answers.

(学生拿出“导学案”，老师检查“课堂准备”环节，让学生说出答案，并讲解答案，最后由老师订正答案。展示答案：Keys：一、1. 昨天 2. 周末 3. 星期天下午 4. 在周日晚上 5. 玩得愉快 6. 地理 二、1. did homework 2. played soccer 3. studied geography 4. went to the library 5. cleaned her room 6. played the guitar 7. stayed at home 8. visited my sister)

二、Look at your books

Open your book, look at 1a and 1b. Finish them. Say out your answers.

Now, read phrases in 1a by yourselves. Next, I will check you. Ready? Go!

Test：Did you remember these phrases? OK. Let me check you. Look here, say out these phrases with the past form according to the Chinese. Who's first?

(这一步运用“大转盘”，点击鼠标，转盘转动，当学生喊“Stop”时停止，看指针所指的汉语短语，说出英语。上面有不同的分数，说正确了，小组就能得到相应的分数。此时课件一角的激励用语是“我会过去式”和“幸运大转盘”。)

T：You all did very well. You are great. OK. Let's read these past forms together. I believe you can read them clearly. Ready? Go!

【点评】 陈老师将“幸运大转盘”引入课堂让人叹为观止。这种巧妙的测试方法，这种活化课堂的手段令人拍案叫绝！

Step 5 Learning and studying

T：What did Sally and Jim do last weekend? Please listen and match the pictures with Sally and Jim. Then write down the phrases.

(播放录音，完成课本 2a，2b 任务。注意：课件制作上可以加上图片移动效果。如点击“小女孩做作业”图片就会跑到“Sally”表格中，再点击图片就会消失，出现 did her homework 短语。)

T：Are you clear? Let's practice in pairs.

(听后活动：复述听力内容，两两会话)

T：OK. Very good! Please listen 2b again and retell what Sally and Jim did.

Ss：...

T：Now practice in pair. You can ask and answer. Look at the questions：

What did Sally do last weekend? How was her weekend?

What did Jim do on Saturday morning?

What did he do on Sunday afternoon?

How was his weekend?

【点评】 陈老师把“学习”过程叫作“Learning and studying”非常符合学习规律。“学习”并非老师教学生学的过程，而是既要跟着老师学，又要自己研究的过程。

Step 6 Exploration in groups

T：Discuss how to use the past tense in your groups.

(学生拿出“导学案”，根据上面“组内探讨”中的提示，先自学完成相关语法知识，然后由组长组织讨论“一般过去时”的疑问句、否定句以及时间状语的运用。最后举手表示探讨结束，等待向同学和老师汇报。)

T：Did you finish? Say out your report.

Group 1：We discussed ...

T：You did very well. Congratulations! (鼓掌) Did you have any problems?

S1：Yes. I don't understand how to use ...

T：...

(课件一角的激励用语：我探讨我成功)

【点评】 陈老师的“小组合作探讨”非常成功！其成功之处关键在于“导学案”中“组内探讨”问题的设置，给出了提示，缩小了范围，学生才能有的放矢，探讨成功。

Step 7 Practice and exercises

一、Practice in your life

T：Make a conversation to talk about what your partner did last weekend.

S1：How was your weekend?

S2：Very good. I went to the park.

S1：Oh? What did your mother do? Did she go with you?

S2：No，she cleaned the house at home.

S1：What about your father? He didn't do housework?

S2：Yes，he did. He helped my mother.

（这是"导学案"中的"实践运用"环节，目的是引导学生在实际生活中运用英语，加强英语的"语用"功能。）

二、Make some exercises

T：I believe you grasp this class. OK? Do you want to check yourselves? OK，take out your papers and let's make some exercises. Are you ready? Now，look here. Choose one word and finish off the task，you will get different scores. Come on!

（练习共分四题，一为动词填空，二为短语填空，三为听力语篇填空，四为现场作文）

【点评】 这种练习的形式让人耳目一新！陈老师一改纯粹练习的形式，把习题按难易程度设置成不同的分数，要求学生选择，完成后可以得到不同的分数。并且检测全面合理，既有词语的考查，又有语篇的运用和书面表达的强化。练习提高了学生的主动参与度，更激发了学生的竞争意识。

Step 8 Homework

T：In this class, you did very well. I'm very glad you can improve yourselves. But don't be proud! You must revise and practice after class. So I'll give you some homework. Look here. Listen! Did you think of this song? Yes, *Gan'en de xin*（《感恩的心》）. You know, our parents do much for our family. They work hard and they are tired of housework. So please make a survey to ask what your parents did last weekend, then write a passage to talk about it. Thank you.

（课件一角的激励用语：学会感恩，好好学习！）

【点评】 陈老师的"作业布置"与情感教育相结合，触动了学生的"感恩之心"。

Step 9 Evaluation（评价）

一、Self-evaluation

T：What do you think of this class? Complete this chart in your papers.

我回答老师的问题	我与同学的合作	我做题的效率	我的口语表达流利度	总体评价

（☆不好意思，☆☆基本满意，☆☆☆我棒极了）

二、Teacher's evaluation

T：Look at the scores of your group. Let's count! OK. Which group is today's winner? Yes, congratulations to you all. The others study hard and you must be the first next class. Come on!

【点评】 学生兴趣的激发关键在于评价手段的运用。陈老师的评价不仅融合于课堂的每一步中，还在完成学习任务后设置了"自我评价"和"老师的评价"。评价手段的多元化激活了课堂。

Step 10 The End

T：If you have some questions, please come to my office, I will help you in any time. Next class, we will learn Section B—period 2. You must get well ready for it. Complete your papers. Thank you for your excellent show in this class. Goodbye! See you next class.

教学反思

本节课，感觉这节课基本体现了“三先三后”的教学理念，能够引导学生自学，关注学生综合能力的发展和提高——既训练口语表达，又辅之以笔头练习；既培养自学意识，又培养合作精神；既注重终结性评价，又关注过程性评价；既要求学生“一枝独秀”（个人展示），又倡导“满园春光”（小组探讨）；既训练听说读写，又创造情景表演；既体现小组的团结互助，又显现小组间的竞争意识；既注重知识的传授，又注重情感教学（感恩教育和孝心教育）。

本节课使用课件授课，我觉得优美的画面，动听的音乐，神奇的转盘，搞笑的漫画，有趣的动画……无处不在影响着学生，调动着学生的积极性。实用优美的课件对教学的辅助作用不言而喻。

但是，对照《英语课程标准》（2017 年版）和新的教学理念，本人深感这节课有几点遗憾：

1. 对听力的处理还不充分，没有要求学生仿写对话，没有要求背诵听力材料，听力训练的度和量没有把握好。

2. 导学案中的“检查预习”部分对学生自学的指导不够详尽。预习的指令比较模糊，一些预习作业没有检查的“抓手”，对学生预习重难点的指导还不够全面。

“教学有法，教无定法”，“教学有招，招要多招”！今后的英语教学，我们任重而道远，愿与各位有志之士共同探讨英语教学的良策，以期达到“无师自通学英语”的最高境界！

韩光亮教研员点评

读了陈老师的“课堂实录”，陈老师精巧的课堂设计、精妙的情景创设、精辟的评价用语、精确的教学指令、精心的活动安排、精彩的课堂表现、精美的课件制作、精深的教学理念给我留下了深刻的印象。在这堂课上，无论从教学目标的定位，还是从教材的巧妙处理；无论从教学思路的创新，还是从课堂结构的合理安排；无论从教学手段的多样性，还是从学法指导的准确性；无论从能力培养的多角度，还是从评价手段的多元化，都较好地体现了“三先三后”的教学理念。其“亮点”纷呈，“看点”多多。辑录几个，抛砖引玉：

1. 小组 PK，点燃了学生的激情

全班 32 人，划分为 8 个小组，每个小组均配有打分牌和队旗。在 PK 中，要求学生对其他同学的回答问题、小组对话、情景表演等活动打分，而不是由老师评判分值，体现“将课堂主动权还给学生”的教学思想，并且为学生创设良好的问题情景，强化问题意识，激发学生的求知欲。小组的活动，也注意挖掘学生内在的因素，并加以引导、鼓励；培养了学生敢于独立思考、敢于探索、敢于质疑的习惯，促使学生多方面思考问题、多角度解决问题的能力的形成。

2. 老师“导”得合理，学生“学”得有趣

这节课以“导学案”组织课堂教学，开课以猜测老师在五一节和上周所做的事情来导入一般过去时的学习，复习时又用学生自己活动的照片引路，以动词过去式 chant 为“开场锣”。此种努力顺利地引导学生对一般过去时的训练，学生感觉新鲜亲切，学习起来轻松自如，兴趣自然高涨。

3. 讲练结合，稳扎稳打

对课堂上学习的新知识点，陈老师必辅助于 pair work, ask and answer 等进行复习的训练，步步为营，稳扎稳打。“单词转盘”的运用让学生感觉眼前一亮，“抢答”练习让学生激情澎湃。习题的设计也兼顾了练习的巩固性、代表性和梯度性，既有词汇、句型、听说的训练，又有语篇短文的理解。

4. 倡导组内探讨与合作

在进行“听力训练”以后，陈老师安排各个小组进行“组内探讨”，要求首先自学，然后在小组内集体探讨，由组长辅导自学不充分的同学，然后向同学们展示探讨的结果。在对话表演中，要求小组内共同合作，分配角色，表演出一个合情合理而又真实搞笑的情景来。学生的表演非常成功，简直演成了小品。

5. 灵活多样的评价手段

教师的鼓励是学生获取自信的“催化剂”，在我们看来很不值钱的“你真棒”能让学生幸福好长时间。在这堂课中，陈老师的每一次提问均以“Very good!”“You're very clever!”“Thank you.”进行评价。除了语言的鼓励外，在课件的每一步活动中都展示激励性的话语，如“预习检查”中的“你不讲我也会”，“组内探讨”中的“我探讨我成功”，“能力提高”中的“我提高我自信”等。另外，每道习题后均配以漫画的形式给学生鼓励，如“我看好你哦”（邢捕头）、“说得好”（冯巩）、“佩服”（周星驰）、“好”（赵本山）等，并辅之以掌声。这种无处不在的激励措施使学生倍感自豪，真正地达到了“学习着并快乐着，快乐着并学习着”的境界。

6. 导学案的运用，形成了教学合一

精心编制的导学案，陈老师运用自如。在课堂上，陈老师根据学习目标创设情境或设置台阶，层层深入地引导学生独立对话、自学、思考、探究，使学生通过课前自学对教材首先有一个初步了解，发现问题，完成第一次教学；然后在课堂上讨论交流、合作探究，分析问题，完成第二次教学；当堂进行达标测试，及时得到反馈，解决问题，完成第三次教学。这种设计为学生自主学习、合作学习、探究学习提供了条件和明确的学习任务，使每个学生的学习时间、学习次数、思考深度得到了加强，具有目标明、方法优、易操作、效果好、适用广的特点。

愿所有的英语教师都能像陈老师一样将高效课堂的打造进行到底！

课堂教学实录(二)

Unit 6　How long have you been collecting shells?

Prepare work

1. Divide the whole class into two groups: group A (A1, A2) and group B (B1, B2).

2. Give students and teachers some pieces of paper.

3. Put up two trees in the middle of the blackboard and some leaves , flowers and apples on the bottom of the blackboard.

(leaf=good　flower=better　apple=best)

目标展示:

1. New words: kite skate pair marathon collect stamp shell since

2. Grammar:the present perfect continuous tense(现在完成进行时)

3. Practice student's listening ability.

4. To develop a healthy hobby.(培养健康的爱好)

Teacher:Before our class, read the study aims silently by yourselves.(学生默读"学习目标",提前感知本课要学习的任务)

【点评】 陈老师展示学习目标采用让学生默读的方式,一改平时很多老师常用的"老师读,学生听"的做法,突出学生主体地位,给学生创造了更多的自学机会。

Class begins:

Step 1

Teacher: Good afternoon,class!

Students: Good afternoon,Miss Wang!

Teacher: Nice to meet you!

Students: Nice to meet you,too!

Teacher：How are you today?

Students：I'm fine，thank you，and you?

Teacher：I'm fine too，thank you very much. Sit down please.

Just now we listened to a song，is it beautiful?

Students：Yes!

Teacher：Do you like it?

Students：Yes!

Teacher：Would you like to listen to me?

Students：Yes!

Teacher：My song's name is "Yesterday once more". If you can，please sing follow me，ok?

Students：Ok.（老师和学生一起唱）

【点评】 提前热身活动，陈老师采用师生一起唱学生熟悉的歌曲的形式，在老师优美放松的歌声的带动下缓解了学生紧张感，这样既活跃了课堂气氛又为下文的导入做好了铺垫。一举两得！此环节体现了老师很好的素质。

Step 2 Lead-in

Teacher：I like singing and I also like skating.

（呈现幻灯片学习新单词：skate a pair of skates 让学生跟老师读。）

Teacher：And I like collecting shells.

（呈现幻灯片学习新单词：shell collect shells，让学生跟老师读。）

Teacher：I started collecting shells 6 years ago.

I am still collecting shells now.

I have been collecting shells for 6 years/since 6 years ago.（自从……以来）

（学习新单词 since，让学生跟老师读。）

Teacher：You started learning English in 2007.

You are still learning English now.

So you have been studying English for 2 years/ since 2 years ago.

(呈现幻灯片，让学生跟着老师一起说出该句子："So you have been studying English for 2 years/ since 2 years ago.")

Teacher：Just now I gave you some pieces of paper. There are some activities and years on them. Now let's make sentences using the structure as many as you can, let's see which group is better.

(学生们可以尽可能快地直接站起来回答问题，小组之间 PK，看哪一组好，哪一组较好，哪一组最好；好的奖励一片树叶，较好的奖励一朵花，最好的可以得到一个苹果。)

Teacher：Are you ready?

Students：Yes!

Teacher：Ok. Let's go! I'll give you only 1 minute.

Student1：I have been playing basketball for 2 years.

Student2：I have been swimming since 5 years ago.

Student3：I have been running for 3 years.

Student4：I have been collecting stamps since 2 years ago.

Student5：I have been playing computer games for 8 years.

Teacher：Ah! So long time? But I think you should put your heart into your study.

Teacher：Great! Sit down please!

Student6：I have been learning English for 7 years.

Teacher：Also so long time, I think you must be good at English.

Teacher：Wonderful! Sit down please! Ok, stop here please. Let's look which group is better.（所有学生欢呼）

Students：Group A is better ...

Students：Group B is better ...

Teacher：(老师根据他们的表现给出相应的评价)Both of you did good job just now, so I will give each group a leaf.

(老师在每棵大树上粘贴上一片树叶。)

【点评】 陈老师"两棵大树"的设计吸引了学生和老师的眼球。这种新颖的评价方法更让人眼前为之一亮，激发了学生的兴趣和表现的欲望，是本课的一大亮点！

Step 3　Practice（小组互评）

Teacher：Don't worry，we also have chance. Let's go into another activity. I'll give you an example.

Model：

Teacher：Hello，nice to meet you.

Student：Hello，Miss wang，nice to meet you，too.

Teacher：Could I look at your paper?

Student：Of course.

Teacher：（老师向其他学生展示 paper）How long have you been surfing the Internet?

Student：I have been surfing the Internet for 5 years.

Teacher：Very good. Thank you very much. Sit down please!

Teacher：Now Let's practice in pairs.（呈现幻灯片）I will give you 1 minute to prepare it，you can stand up and ask students in your group or in other groups.

（此环节又是本课的一两个亮点：陈老师一改平时很多老师常用的"两人或三人对话"的做法，而是采用做调查的形式，每个组推荐一名学生去其他三组做调查，其他学生可以在组内活动也可以去其他组，所有学生都活动起来，而且老师也参与进来，体现了教师的主导地位和学生的主体地位，营造了轻松的高效课堂。出彩！）

（练习后，每组的调查员给出他们对调查小组的评价）

Teacher：Ok. Let's look at the result. This time which group is better?

Students：Group A is better.

Teacher：Group B，don't worry，you have another chance，come on!（老师做鼓励手势）

【点评】 此环节不是简单的老师主观评价，陈老师大胆放手让学生自主评价，真正做到了把课堂还给学生，体现了课堂民主！真是让人拍案叫绝！

Step 4　Practice（合作提高）

Practice in three or four：

Teacher：Also，I'll give you an example.

Teacher：（呈现幻灯片）

A：How long have you been doing ...？

B：I have been doing ... for/since ...

A：How long has he/she been doing ...？

C：He/she has been doing ... for .../since ...

（首先，老师做示范；然后老师让学生做准备；最后，老师让几组学生做表演，同时，老师让其他学生给出评价。）

students：...（学生活动）

Teacher：Ok，stop here please，let's look which group is good，better and best.（所有学生欢呼）

Students：Group A is the best ...

Students：Group B is the best ...

Teacher：（老师根据他们的表现给出相应的评价）

【点评】 此环节仍然是让学生自主评价，继续利用“大树”的设计，采用小组合作的形式，进一步练习现在完成进行时态，此时学生的表现更有的放矢！

Step 5 Have a PK（看看谁的眼力尖，脑力快）

Teacher：Let's see which group has more students to give answers.

（首先老师让所有学生根据图片和相关信息大声地说出句子；然后，分别代表A组和B组的两名学生进行PK，看谁的眼力尖、脑力快。）

Teacher：Ok，who did better，who did best？

Students：Student A ...

Students：Student B ...（老师根据学生们的评价给出分数）

Teacher：Well done！ I want another two students to have a pk too，who can have a try？

Student C：...

Student D：...（学生C和D再同时进行PK）

Teacher：Excellent！ This time who is the winner？

Students：Student C ...

Students：Student D ...

（老师根据学生们的评价给出分数）

【点评】 此环节采用学生喜欢的明星照片和其相关信息让学生在最短的时间内造句子，并采用 PK 的形式。此环节能联系生活实际，从学生自身的爱好出发展开教学，且课件制作也展现了老师的极高的个人素质，体现了老师的用心良苦。

Step 6 Do some listening（听力练习）

Teacher：Now let's have a relaxation：watch a video about skating.

（老师播放一段有关轮滑的视频短片，然后展示一张图片由此导入滑冰马拉松）

Teacher：There are many people on the road. Among them are Alison，Sam，Victor and Celia. Now they are skating. Do you know what happened after their skating?

Students：No.

Teacher：Ok，Let's do some listening：Listening 1b，Let's look at what happened.

a. A reporter is talking to the participants in a skating marathon. Fill in the blanks below.

Alison	I've been skating for ______ hours.
Sam	I skated for ______ hours.
Victor	I ______ ______ ______ for five hours.
Celia	I ______ for two hours.

（老师播放录音两遍后核对答案）

b. Listening—2a

Listen to the interview with the skating marathon winner and check the questions you hear.

c. Listen again. Match the questions with answers in activity 2a.

（听一遍后核对答案，如果必要的话，再播放一遍）

【点评】 听力部分陈老师不是简单地照搬课本，而是进一步挖掘教材，采用"挖空填词"的方式，在不加大听力难度的基础上多角度地练习学生的听力，体现了教师的钻研精神。

Step 7 Interview（学以致用）

Teacher：Student A is the reporter，student B is a famous person，Role play the interview. You can use what we learned this class：How long ...？

I've been ...

（老师给学生几分钟时间准备，然后让几组学生表演他们的采访）

Teacher：Well done！Let's give them some claps.

Teacher：This time I think both group did best，so I'll give each of you an apple.（老师粘贴苹果标志）

【点评】 这是一个综合应用环节，要求学生运用本课所学知识做一个采访节目，分别扮演“记者”和“名人”的角色，此活动提高了学生的主动参与度，更激发了学生的竞争意识。

Step 8 What you have learned（你学到了什么）？

Teacher：Now Let's have a summary. What we have learned this class？
Look at the screen please！

Grammar Focus：现在完成进行时

Defination（定义）：表示动作从________某一时间开始一直延续到________或离现在不远的时间，并且有可能________下去.

Structure（构成）：____.

Time（时间状语）：1. for ＋ ________

2. since ＋________＋________

3. since ＋________________

（老师让一两个学生根据幻灯片所呈现的信息对现在完成进行时态进行总结。）

【点评】 这种总结的形式又让人耳目一新！陈老师变“老师总结学生听”的形式为学生自己总结，让学生充当“教师”的角色，让学生变被动接受为主动学习，让学生真正成为课堂的主人。

Step 9 Exercise（巩固练习）

Teacher：Let's do some exercise.

a. Fill in the blanks with for or since.

1. They have been learning Chinese ________ they came to China.
2. I haven't seen her ________ a long time.
3. He has been living here ________ 2001.
4. She has been doing her homework ________ two hours.
5. It's 5 years ________ we left school.
6. —How long has Mary been a teacher?
—________ two years ago.

(老师给学生留出几分钟时间做题然后对答案)

b. Translation

1. 我已经滑冰3年了。

____.

2. 他已经收集贝壳6年了。

____.

3. He has been collecting shells since 6 years ago.(就画线部分提问)

____.

4. 把2句变成一般疑问句,并做肯定或否定回答。

____?

____.

____.

5. 她做作业多久了?

____.

(老师给学生留出几分钟时间做题然后对答案)

c. Improve yourself(能力提高)

A: Hello, nice to meet you!

B: ________________!

A: Could I ask you some questions?

B: ________ ________.(当然可以)

A: How long have you been studying in Shungeng?

B: I ________ ________ ________ for 2 years here.

A: ________ ________ have you been learning English?

B: I have been learning English since 2 years ago.

A: How long has your father been working in that factory?

B：He ________ ________ ________ in that factory for 30 years.

A： Wow! You mean he has been working ________ ________ ________ ________.

What about your mother? Has she been working ________ 30 years?

B：No，she ________ ________ ________ ________ 25 years.

A：Thanks for your answer.

B：____.

（老师给学生留出几分钟时间做题然后对答案）

Teacher：Let's look at the result，which group is the winner?

Students：Group B.

Teacher：Congratulations!（鼓掌）

【点评】 巩固练习紧扣本课所学，检查全面合理、形式多样，更体现了对学生的能力提升，真正达到了检测、巩固的效果。

Step 10 Homework

A. Oral work：Listen and imitate P46 3a.

B. Written work：Write a short passage about your partner's hobby.

Teacher：So much for this lesson，thank you very much. Goodbye!

（老师最后给出总的评价并让学生给老师一个评价。）

【点评】 陈老师的评价不仅融合于课堂的每一步中，以一棵大树贯穿始终，还在完成学习任务后设置了“自我评价”和“老师的评价”。评价手段的多元化激活了课堂，最大限度地激发了学生的兴趣。

教学反思

课堂教学是新课程改革的主渠道、主阵地，是教学的重中之重。扎实而有效地开展课堂教学，不仅为教师才能的施展提供了一个自我挑战的舞台，更是培养、提高学生综合素质的学习实践基地。在新课标的指导下，我不断地更新教学理念，把功夫用在备课上，效益落在课堂中。在整堂课上，我尽量做到与学生配合，做学生的配角，让学生积极参与，从不同角度培养学生的能力，力求在英语课堂中有进一步提升和创新。

在学习“三先三后”教学理念后之后，我又重新整理了思路，考虑尽量使课堂的讲解简单化、条理化、生动化；努力做到知识线索清晰、层次分明，教学内容言简意赅。

我这节课的设计比较多样，既有多媒体图片，又有比赛的形式，还有听的训练、小组讨论，教学比较有层次，希望能长时间地激发学生的兴趣；另外，在题型设计上也想尽量引起他们参与活动的欲望。反思整个教学过程，有以下几点体会：

一、面向全体学生，为学生全面发展和终身发展奠定基础

创设各种情景，鼓励学生大胆地使用英语。例如：在本节课前，我安排了课前热身“大家一起唱”的活动，其目的就是让那些害羞、不愿开口说英语的学生张嘴，因为大家一起唱了，即使唱错了，也显示不出来，部分学生也就不会感到害羞了。这种方法使得害羞的那部分学生也能大胆起来并积极地参与到学习中来。其次，对他们在学习过程中的失误和错误采取宽容的态度。为学生提供自主学习和直接交流的机会，以及充分表现和自我发展的一个空间。我曾经多次组织学生们进行竞赛，有时是学习小组之间，有时是个人间的竞赛，有时是男女对抗赛，总之各种各样形式的竞赛始终贯穿课堂。我鼓励学生通过体验、实践、合作、探索等方式，发展听、说、读、写的综合能力；创造条件让学生能够探究他们自己的一些问题，并自主解决问题。

二、对学生进行有效的评价

评价可以使学生认识自我，树立自信，有助于反思及调整自己的学习过程。我对学生在课上的表现及时地给予评价，如有口头评价、等级评价、学生之间互相评价等方法。为此，我制作了智慧树（树叶、花朵、果实分别代表三个等级），适时给予鼓励及表扬，让学生学有长进，增添自信感和成功感。充分发掘学生的进步，鼓励学生自我反思、自我提高，练习题以学生综合运用能力为目标，侧重于学生理解和获取信息，通过评价，学生学会分析自己的不足，明确努力方向。

三、关注学生情感，创造民主、和谐的教学气氛

新型师生关系是平等、友好、民主的，宽松和谐的学习环境对于学生的学习和发展至关重要。老师应努力使自己全身心融入教材、融入课堂、融入良好师生关系的和谐气氛之中，教师应该寓情感于课堂教学之中。课堂教学中教师的情绪具有强烈的感染力，教师授课中的情感投入和学生听课的情感投入是成正比的。教师亲切的面容、期待的目光、适当的手势等教态，一经学生的情感体验，学生就会产生相应的情感共鸣。

当然本节课我还存在很多不足：

(1) 我这堂课还有些形式和花架子在里面，学生的落实不是很充分。

(2) 对时间的安排不够合理，对学生的水平把握不足，导致部分环节时间把握不到位。

(3) 对学生关注面还不够广，忽视了部分的角落生。

(4) 设计的提问练习太多，没有充分考虑给学生自主学习消化的时间。

在以后的课堂教学中，我会在这些方面多加改进，突出学生的主体地位，充分发挥学生的主观能动性。我深知自己还年轻，自己工作中还存在很多不足，在今后的教育教学中我会更加努力，不断学习和充实自己，完善自己的教育教学工作！

韩光亮教研员点评

本节课是陈加付老师执教的八年级下册 Unit 6 Section A 的内容，其中亮点多多，值得学习和借鉴的地方也很多。

第一，课堂教学艺术的关键在于最大限度地激发学生的学习兴趣。陈老师根据学生的年龄特征、个性特征、心理特性、爱好、兴趣或通过他们熟悉的人或事物等让每一个学生有话可说，有话可谈，让他们充分肯定自己的能力，给他们以信心，从一开始就吸引他们的眼球，激发他们的学习兴趣，充分发挥教师的主导作用和学生的主体性。

第二，明确课堂目标，把学生引入课堂。一堂成功的课堂必须有合理的教学目标，教学目标是课堂教学的出发点和回归点。教学目标的制定是否准确清晰，直接影响着教学环节的设计，制约着教学活动的展开，并最终指向教学任务的完成。

第三，真实的创设语境，让学生融入其中。一堂课的导入至关重要，导入的成功与否不仅体现一位老师的能力，更是一堂好课的关键。陈老师利用学生学英语的时间段导入新句型，让学生们在熟悉的语境中了解了新的语言结构，并充分发挥学生的主动性和首创精神，创造性地利用喜爱的活动和喜爱的人物活动，通过他们的合作交流、互相探究等方法为学生创建了展示的舞台。

第四，过程评价贯彻始终，让学生在激励中不断进步。

陈老师充分调动学生，创造性地使用所学的现在完成进行时句型，鼓励他们利用重点语言结构总结，并始终面向学生，不失时机地给予鼓励表扬——good、excellent、great、well done 等，让学生在不断的激励中找到自信。特别是别出心裁的两棵大树的设计，让学生真实地享受到了累累硕果的丰收的喜悦。

同时也给予他们互相评价的机会，让学生在竞争中给自己定位。

第五，注重了学生能力的培养，让学生真正学以致用。

陈老师很好地整合了课本内容，并创造性地为学生设计了采访工作，让学生利用所学所悟去进行实际运用，也达到了学以致用的目的。学生们只需在经过适当的培训后，便能胜任简单的采访工作，为他们的人生成长也提供了经验。

第六，恰到好处地使用多媒体。课件制作精美且实用，且每个环节都体现了陈老师的良苦用心，别出心裁的幻灯片制作给本课增色不少。多媒体的使用真正达到了辅助教学的作用，而不是仅仅流于形式，课件的制作更体现了较高的个人素质。

整堂课教学环节环环相扣、自然流畅，既有可供观赏的表演环节，却又不失对课堂知识的灵活运用和扎实落实。通过过程性评价，很好地调动了学生参与课堂教学活动的积极性和主动性，真正体现了学生是课堂的主体这一教学思想，尤其是课堂教学过程中的小组探究、小组互评、学生互相纠错、互相答疑、自己归纳总结等环节，都是很值得我们在今后的课堂教学中去借鉴和运用的。

陈老师在课堂教学中的很多环节把时间还给了学生，只有在这样的教学过程中，学生才能真正做到合作探究、相互交流，也只有在这些合作交流活动中，学生才能充分地展示自己，并使自己的思维在展示中不断得到丰富和提升。

总之，陈老师通过自己的不断努力，理念上有了全新的飞跃，创造性地指导了课堂教学，真正做了一名成功的导演，培养了一批优秀的演员。

课堂教学实录(三)

课题：What should I do?

Language goals

1. Talk about problems which students come up against in their daily lives.

2. Give advice to others and help them find solutions to their problems.

3. Think out solutions to one's own problems.

Language structures:

1. Use modal verbs could and should to make suggestions.

2. Use the following sentences patterns to give advice:

You could do ...

Maybe you should do ...

I think you shouldn't do ...

You'd better do ...

3. Use the following sentences patterns to evaluate others' advice:

What do you think of this advice?

How do you like this advice?

I think it's a good idea (an okay idea, a bad idea).

I agree/disagree with you.

Learning strategy

1. Listen for particular messages.

2. Cooperate with others and fulfill a task.

Key vocabulary

argue with ..., play one's CDs too loud, be out of style, get on well with ..., call up, talk on the phone, get a part-time job, get a tutor, advice, surprise, haircut, wrong, matter, etc.

Teaching apparatus

The multi-media device.

Teaching steps

Step 1 Pre-task: Free Talk

Topic: What will Xuecheng be like in 10 years?

(课前,伴随着轻音乐,用多媒体向学生展示薛城近些年来的一些新变化)

T: In Unit 1, we have learned to make perdition. Who can tell us? What will Xuecheng be like in 10 years?

S1: There will be more trees, more factories, more people and fewer cars, and people will be richer and healthier ...

T: What's your opinion?

S2: I think Xuecheng will be more beautiful, but there will be more cars, more factories and people, so there will be more pollution.

T: Do you agree with her ideas?

S3: Yes, I agree. Because people will be richer, they will buy more cars. Many tourists will come to Xuecheng, and the city will be bigger and crowded ... So there will be more pollution.

T: OK. Some of you think there will be more pollution in Xuecheng in 10 years. Do you like pollution?

Ss: No, we don't.

T: What should we do? Can you give me some advice? (Help students to answer)

S4: Maybe you should plant more trees and flowers.

S5: You shouldn't throw the rubbish on the ground.

S6: You could call on people to protect the environment.

S7: You shouldn't cut down the trees.

S8: (Different students different advice.)

【设计意图】 利用一个贴近生活的话题,复习旧知识,利用复习,导入话题。把谈论问题和提建议两个目标语言作了分解,降低难度,为导入新课作铺垫。

【点评】 只有通过师生、生生间大量的语言交流,才能培养学生用英语交际的能力。课堂上的 Free Talk 是培养学生听说能力的有效方式。通过谈话自然地引入本课的主题——What should I do?

Step 2 while-task

1. 师生交流

T：Now, in this unit, we are going to talk about problems, and learn how to give advice. I have a problem now, I need your help. Do you know what it is?

Ss：No, we don't.

T：Do you want to know? Please ask me.

S9：What's wrong?

S10：What's the matter?

T：What else?

S11：What's wrong with you?

S12：Is there anything wrong with you?

T：I want to buy an MP4, but I don't have enough money. What should I do?

S13：You should borrow one.

S14：You could find a part-time job.

S15：You could ask some money from your parents.

(... a lot of advice)

T：Great! All of you did good jobs. Thanks for your advice.

【设计意图】 设置情景，引入谈论的新问题，呈现所需要的语言知识。

【点评】 此环节旨在通过听老师讲和看画面初步了解新知识。

2. Task cycle

Task 1. 词汇、目标语学习

T：You know in our daily lives or your study. There are many problems. Let's look at these pictures. What problems do they have? What should they do?

(利用多媒体分别展示书中四幅图片，介绍本课重点词汇 out of style, argue, play, loud, keep out)

T：Look at Picture 1. What's she doing?

Ss：She is looking at the mirror.

T：Is she happy?

Ss：No，she isn't.

T：What's wrong with her? Can you guess?

S16：Maybe she wants some new clothes.

S17：Maybe she thinks her clothes are too old.

T：Yes，quite right. She thinks her clothes are not popular or fashionable. They are out of style.

T：What's wrong with her?

（询问个别学困生，以检查他们对新单词的理解和运用）

S18：Her clothes are out of style.

T：What should she do?

S19：She should buy some new clothes.

S20：She shouldn't care，because she is only a student.

（... students give some advice.）

（然后用同样的方法介绍 argue，play，loud，keep out 等词）

【设计意图】 利用所学的目标语言，结合课文真实情景，在讲中练，在练中用，为学生创设词不离句、句不离情景的英语情境。

【点评】 陈加付老师对新单词的教学不是仅停留在单词上，而是将单词融入句中，让学生整句理解。针对不同的单词，采用不同的检测方法既能检测优秀学生的学习情况，又能帮助学困生再次学习，体现了分层教学的理念；既帮助了学生理解词义和句意，同时又渗透了学习方法。

Task 2. 模仿运用

T：Look! Here are some problems. Perhaps some are serious，some are not serious. What's your opinion? Please write them in the appropriate box. Then give a report.

（利用多媒体展示课本 1a 中的问题。）

Not serious

S21—23：I think ... are serious，but ... are not serious.

T：Now listen and circle the problems you hear in activity 1a. Then check the answers.

【设计意图】 通过口语和听力练习活动来训练学生对语言目标的理解。

【点评】 此环节教师设计的活动，让学生将刚学过的词汇和句型进行模仿运用，既帮助学生掌握了关键词语和信息，又为之后灵活运用做好了准备。

Task 3. Let's help each other.

T：Probably in your lives，you have different problems. Some are a little serious. Let's help you. OK?

T：Do you have any problems?

S24：Yes，I do.

T：What's the matter with you?

S25：I'm often late for class.

T：Maybe you should get up earlier from now on，and do everything quickly.

S26：I think so. Thank you.

T：What's the matter with him?（老师指着 S26 问 S27）

S27：He's often late for class.

T：What should he do?

S27：He should get up earlier from now.

T：Now do it like this，and work in groups of three.（自由结合 3 人小组开始合作。）

T：Please act it out.（学生热情高，合作效果好。）

【设计意图】 通过师生对话，为 3 人小组活动做示范，引导学生用今日所学的目标语言解决生活中的实际问题，提高学生的合作能力。

【点评】 此环节旨在建立篇章与学生的知识、兴趣和经历之间的联系，进一步帮助学生巩固和运用所学内容，教师结合学生生活中遇到的真实问题，激活了学生的思维，展示了学生的个性，培养了学生运用语言的能力。

Task 4. Discussion

T：OK，just now，we talked about your lives，now I know you still have some problems. For example，some of you think English is difficult. But I know all of you want to learn English well. What should you do? Please work in groups. Try to find some ideas and advice. Then give a report. See which group has more ideas，they will be winners.（每组发一张纸，共同探讨，并做好记录，然后各组选一人做汇报。）

【设计意图】 倡导合作、探究式学习方式。培养学生用英语做事情的基本技能，让学生体验使用英语的成功感，启发不断学习的内在动力。

【点评】 此环节是本课的重点。在这个环节中，教师为学生搭建了小组合作学习的平台。学生在小组学习的过程中生生互助，合作学习，既提高了学生的学习兴趣，又通过互帮互助提高了学习的效率，给学生留出了很大的运用语言的空间。

Post-task: Summary

Task 1. Sum up what we learned today.

S28: We learned: What's the matter? / What's wrong? / What should I do? / What could I do?

T: How about you?

S29: We learned: When we meet problems, we can ask for help.

S30: ...

T: Well done! Today we learned to talk about problems and give advice. (利用多媒体总结今天所学内容。)

【设计意图】 培养学生分析、归纳、综合等能力。

Task 2.

T: In our lives, we will meet all kinds of problems. We should learn to ask for help, and we also should learn to help others. If we learn to help each other, our world will be more friendly and beautiful. Do you agree?

Ss: Yes.

T: Let's read it together. And go for it!

Ss:(学生一起朗读。)

【设计意图】 进行德育渗透。

Task 3. Homework: Writing

Xiao Ming argued with his mother. What should he do? Make a conversation. Please give Xiao Ming advice as much as possible.

【设计意图】 培养学生写的基本技能和对学生进行德育教育，并为下节课的导入做好铺垫。

【点评】 一直以来，作业的形式、内容都由教师做统一的规定，完全忽略了学生的需要。在新课程背景下，教师要把凡是学生能够自己独立做的事情都给学生留出空间，让学生有时间、有机会去选择、决定，去思考，去体验、感悟，去创造、实践、应用。陈老师布置的作业,既锻炼了学生的自我思考能力,培养了学生的写作能力,又对学生进行了德育教育。

教学反思

课后,重新回想自己这节课的全过程,的确在整个教学过程中,有得意的地方,也有遗憾之处。难怪有人说教学是一门有缺憾的艺术。在整个教学活动中,我贯穿着竞赛的机制,学生通过报告、师生活动、生生活动、小组活动,表现出了很高的参与性,合作能力和用语言做事情能力都比较强,感觉这节课体现了"三先三后"的教学思想,收到了较理想的教学效果。这节课的总体设计我尽量体现了新课程标准中的从学生的学习兴趣、生活体验和认知水平出发,倡导体验、实践、参与、合作与交流的学习方式等的教学理念。从学生主体发展出发,培养了学生的综合能力,重点培养了其交际能力,学生活动中设计的具体场景激发了学生积极主动参与课堂学习活动的热情,培养了学生在体验中自然习得用英语进行交流的习惯,从而提高学生语言综合运用能力。课堂组织形式以小组活动为主,增加每个学生课堂参与和发挥个性特长的机会,在参与中培养学生的合作精神、团队精神以及相互学习、资源共享的意识。在活动中引导学生不断整合已经学过的知识,进一步提高语言的运用能力,即培养学生的记忆、观察、思维、想象能力和创新精神。同时,也完成了本课所设定的各个目标,完成了教学任务。

但也存在一些缺憾:

(1) 我对学生的认知水平把握得不到位,拓展内容超出学生已有的认知水平。本节课的选题属于对情态动词用法的总结和熟练运用,由于时间关系,情态动词的各种变化学生没有得到充分的练习和操练,很大一部分学生没有达到熟练程度,因此学生在活动和表达时表现得很不自信。

(2) 提问好学生次数太多,忽视了一些后进生的心理感受,致使有些后进生在一些简单的问题上也不配合,好学生又不屑回答,出现了提出问题无人回答的尴尬局面。

(3) 我的应变能力有待提高。课前应对学生可能提出的问题进行预测并加以准备,虽然在授课过程中基本上能对学生提出的问题给予圆满的回答,但自己感觉如果更认真地准备效果会更好。另外,在学生还没有完全进入状态的情况下,教师如能多一些应变措施,局面可能会大有改观。

(4) 板书的作用是示范,是学生认知的过程。板书的姿势、板书的位置及板书的及时性都非常重要。而我在板书的处理上有些随意，如果我在板书时进行适当的色彩搭配、必要的线条勾画、板块的恰当拼接，或写出苍劲有力的字体等，相信效果会更好。

韩光亮教研员点评

陈加付老师的教态自然、亲切，在一举手一投足之间，无不显示一个优秀教师的良好素质；课前用一些关于枣庄薛城发展的图片展示给学生，活跃了课堂气氛，缓解了学生的心理压力，为接下来的教学开了一个好头，引导学生们先放松后再进入课堂，探索着让学生慢慢地、主动地、一步步地融入教学中；其次，每个教学环节的设置都环环相扣，为学生做了很好的语言铺垫和示范，调动学生原有知识和英语语言知识，增强语言、文化和学科的渗透，在有意义的情境中开展认知活动和活用练习。

一、值得我们借鉴的地方

1. 清晰的教学思路

写作要有思路，上课同样要有思路。陈老师根据教学内容和学生水平两个方面的实际情况进行设计，上课的脉络和主线相当清晰。新课程标准倡导的教学模式就是让学生在老师的指导下，通过感知、体验和合作等方式，实现任务的目标，感受成功，是一种以人为本，以应用为动力，以应用为目的，以应用为核心的教学途径，它为学生提供了更大的实践空间，能更好地发挥学生的主动性和创造性，有利于形成民主、和谐的教学氛围。教师注重情境的创设，有机地把单个情境与整体情境统一协调，让文本进行有意义的生成与拓展。

2. 有效的教学方法

现代化教学呼唤现代化教育手段。“一支粉笔一本书，一块黑板一张嘴”的陈旧单一的教学手段已成为历史，陈老师借助多媒体设计了多样性的教学方法。在教学中，他注重引导学生将获取的新知识纳入已有的知识体系中，引导学生把所学知识进行灵活运用，通过对家乡不断发展变化的描述，学习本课生词，并结合“What should I do?”谈谈自己应该为家乡作出哪些贡献。由于话题接近学生的生活实际，容易引起学生的共鸣，成为发展学生智力情感的纽带，使教学活动从单一形式向整体推进，有助于学生增进了解，显示能力，展示精神风貌，使整个活动给学生一个思维的空间，层层递进，都是那么自然、贴切。陈老师每个环节的设计能体现学生的真实水平，没有把课堂掌控得很死，学生自由表达的机会很多。

3. 注重情感教育的渗透

情感因素包括的范围很广，如动机、态度、感觉和情绪等。认知活动总是伴随着一定的情感，当情感受到压抑甚至忽视时，人的自我创造潜能就得不到充分发挥和实现。只有尊重和理解学生的内心世界，才能激发学生的学习热情，增加他们的自信心。我们不仅是一位英语老师，还是一位教育工作者。我们教师要重视思想政治教育，发展情意和激励学生积极的学习动机、态度、兴趣，促使学生积极主动地投入各项学习活动中去，使学生既受到思想政治教育，又能培养运用英语进行交际活动的能力。课堂上陈老师用英语"OK，Very good. Wonderful. excellent."等表扬、鼓励学生积极学习，使他们怀着轻松愉快的情绪全身心地投入学习英语的活动中去，收到良好的教学效果。教师能在教学中渗透情感教育，并与英语教学的内容结合起来，使学生在学习中能抒发自己的情感，当学生感觉到教师对他/她的关心和关注时，便自然地会产生一种积极的学习情绪。

就这一节课而言，陈加付老师的课给我们呈现的是：

1. 快节奏

教师大都用正常的英语语速进行教学，教学环节严密，各环节和各种操练和交际活动间的交替自然紧凑、快捷，从展示图片导入直至课的发展、高潮、结束富有节奏感。明快的节奏是提高课堂教学效率的关键。

2. 高密度

课堂教学要求学生参与英语操练和交际活动的人多、面广，实践的内容量大。一堂课内几乎每个学生都能参与英语操练和交际活动。加强小组活动形式以增加学生实践的面和量，也成了这两节课一道亮丽的风景线。

3. 勤反复

教师能重视在新的情景中采用多样化的教学方法，重现和运用所学语言知识，并使知识不断获得巩固，听说读写交际的能力不断获得发展。

二、值得商榷的地方

(1) 更新教学理念，消除"宠物"现象。

据观察，在这一节课中有 4 个学生 3 次参与师生之间的互动，有 2 个学生 5 次给予机会，这样的教学行为、教育理念不符合《英语课程标准》的要求，也不符合当今的教育发展的需要。教师多次把课堂师生、生生互动的机会都交给那些能说会道的英语学习优秀生，这些学生英语学习习惯好，成绩出色，是教师教学活动中的活跃分子。人民教育出版社英语室主任龚亚夫先生把这一现象称为英语课堂中的"宠物"现象。

虽然对于一节公开课(研讨课)的教学还不能完全下这样的结论,但是它也是一个教师的教学思想和教学行为结合的集中反映。这种现象在我们日常的课堂教学中也经常出现。对于这样的课堂教学,我们应反思,我们教师要面向全体,关注每个学生的学习。要真正消除"宠物"现象,在日常教学中我们还应注意以下几点:

① 更新观念。在课堂教学中,应面向全体学生,既要关注尖子生,更要关注那些学习有困难的学生并创造条件,让他们也拥有表现自己的机会,树立信心,并参与英语课堂活动;在课堂外,英语教师也要公正、公平地对待每一个学生,我们应将对少数学生的"偏爱"转变为对所有学生的"博爱"。

② 精心备课。由于课堂教学时间有限,教师应认真设计每一个环节,考虑学生差异,活动设计力求难易结合,个体、小组与班组的结合,便于促进师生互动、生生互动,从而避免少数学生高调的现象。

(2) 要注意创设情景的实用性。教师过于强调创设真实情景,以至于占用了很多时间,从而削弱了英语的操练和交际运用。

(3) 学会纠正学生的错误,要给学生思考的时间,学会等待。口语评价不能流于形式,我们要真实有效地评价。

(4) 教师的导入非常新颖,引人入胜,但结尾草率,要做到结尾无穷,使小课堂成为人生的大课堂,培养学生的良好的学习习惯。

总之,作为老师不仅仅要认真地上好每一堂课,还要在这个"好"字上下功夫。怎样才能上好课,怎样才能上出让学生喜欢的课?怎样让自己的语言更优美,让自己的学生更喜欢?怎样才能培养学生的创新意识和实践能力?要多琢磨,要多学习,要走出自我这个狭窄的区域,走到蓝蓝的天空下面,那么我们所看到的必然是明媚的蓝天!

我的幸福课改

如果您有闲暇，请走进我们的教室。您听到的绝不是老师一个人的演讲，而是学生在老师指挥下气势恢宏的大合唱；您看到的学生，也不是“零抬头”式的独自学习，而是在各小组长的带领下，小组成员在积极讨论交流；即使是自习课，如果您走进教室，您会发现学生们都会带着问题，认真思考。

课堂上，您会看到我们的学生敢于一个个大方地走上讲台、一个个在课堂上活力四射，您会深深地感受到我们的学生大都会信心爆棚，他们的表现会如此令人震撼。此时此刻，您也许会问：为什么你们的师生会如此与众不同？我会毫不迟疑地告诉你：是我们的课改让教师变了，让学生变了，让我们的课堂变了。

课改，一个时尚而又艰辛的话题。它，以一种无形的魅力吸引着无数教育者为之探索和付出。

自 2009 年以来，我们就深深地意识到：走进课改需要责任，实践课改需要创新，享受课改才是幸福！八年多来，我们不忘初心，砥砺前行，最终硕果累累，“三先三后”的和谐教学模式享誉省内外。我们师生们的变化，体验着这种难以言表的幸福，才是最美好的。

一所学校教学成功的标志是它有自己统一的教学模式，一个教师个人教学风格成熟的标志是他有自己成功的教学模式，这些，我们做到了。更为重要的是，我们探索出了一种让学生幸福学习的课改模式。

我们八年课改的探索、坚持、提升和完善，离不开两任领导侯安柱校长、高建军校长的顶层设计，离不开学校教科室徐守怀主任的智力支持，更离不开 13 个学科备课组长和全体师生的勇于实践。分享我们的课改模式，也是对所有关注支持我们课改参与者的一种最大感激。

“咬定青山不放松”

——记奚仲中学“三先三后”和谐课堂教学模式

一、“三先三后”的基本含义

1. 先自学后合作

学生必须先通过自学再进行小组合作，没有经过自学的合作是一种盲目的合作，也容易导致一部分学生不动脑，人云亦云。小组合作主要是相互检查、相互监督，不会的问题再相互帮助。首先是二人一组的相互检查，有问题就讨论，没问题不讨论，不要搞无病呻吟、自言自语式的讨论。

2. 先汇报后点拨

学生在自学讨论的基础上以小组为单位进行汇报，没有必要每个组都汇报，有一个组汇报，别的组补充或纠正。老师在学生汇报的基础上本着“以学定教”的原则进行点拨，老师只讲学生不会的、不对的，会的不要重复，这样老师就做到了精讲。

3. 先巩固后拓展

新授之后的知识要及时巩固，在巩固练习后可进行“达标测试”，巩固练习题和达标测试题可统筹考虑，尽量不重复。不同的是巩固练习可以讨论、可以看书，而达标测试如同考试，不能看书和讨论，在规定时间闭卷完成。

拓展部分可作为弹性环节，在课堂上有时间就拓展，没有时间可布置成课后作业。在课堂有限的时间内，首先保证每个学生掌握基本的东西。

二、基本原则

先学后教、以学定教、当堂达标的基本原则，体现在先学后教的思想、互查互助的思想、教育公平的思想以及建构主义的思想。

1. 先学后教

“先学后教”中的“先学”是引导学生先去实践，形成初步认识；“后教”则让学生在已有实践与认识的基础上，进一步提升实践的广度和加深认识的深度，这种“实践—认识—再实践—再认识”是符合认识论基本规律的。从心理学角度来看，“先学”彰显学习主体的角色，尊重学生个体心理的差异性与独特性，充分释放了学生的学习潜能，这显然都是人本主义心理学积极倡导的。从教育教学理论来看，“先学后教”则内蕴着“主体性教学”“分层教学”“差异教学”“因材施教”“教是为了不教”等思想理念。因为是“先学”，所以学生必须先“动”起来，自己要先思考，去尝试着发现问题、分析问题与解决问题，这将十分有助于培养学生自学的能力。而“后教”主要是学生相互讨论学习（即兵教兵），教师则更多扮演的是组织、点拨、引导、促进等角色。“先学后教”的核心功能主要侧重于培养学生学习能力。

2. 以学定教

所谓以学定教就是依据学情确定教学的起点、方法和策略。这里的学情包括学生的知识、能力基础，学生“先学”的程度，学生对新知的情绪状态等学习主体的基本情况。而“定教”，就是确定教学的起点不过低或过高，在恰当的起点上选择最优的教学方法，运用高超的教学艺术，让每位学生达到最优化发展。

以学定教和以案定教、以教定教的本质区别在于目中有人，尊重学生，以人为本，以生为本，真正体现教学是为了学生主体的发展。以案定教是教师心中只有教案，教学是为教案服务，而不顾及学生的基础、情感和生命发展。以教定教呢？那教师心中只有自己，忙着灌输知识，忙着传授方法，全然不考虑学生喜欢不喜欢，接受不接受。

3. 当堂达标

“当堂达标”原则集中表现在课堂教学的两个基本维度：目标和时间，即单位时间的达标率。

(1) 强调课堂教学时间的规定性，提出向课堂要质量是向 40 分钟要质量，而不是向 24 小时要质量。就是说，在规定时间内要完成教学任务，学生要扎实掌握所学知识，而不是把时间前伸后延。

(2) 强调教学目标的规定性，如果一堂课没有具体的教学目标，很难评价效率的高低。为保证我们的课堂教学高效、有效，课堂教学就要真实、平实、扎实，不玩花架子。

三、教学流程

“三先三后”和谐教学模式的基本环节如下：

1. 导入明标

本环节包括导入新课、板书课题、明确目标。

(1) 教师导入新课，可根据教学内容、联系时事信息和学生生活事例等创设问题情境导入课题，要求简练、实用，能激发学生学习的求知欲和积极性。即或三言两语引入，板书课题，或开门见山直接板书课题。每单元的第一课时可用知识树展示本单元知识的大类，单元导入，整体建构。

(2) 板书课题，要求书写工整、规范。

(3) 揭示学习目标，使学生能主动地围绕目标探究学习。

① 揭示目标的方式：可用投影、学案等出示。

② 学习目标不要以三维形式呈现，但要内含目标的三维性或多维性。

③ 目标要准确，在广度和深度上与教材和课程标准的要求保持一致。要具体、简明、扼要，不宜内容太多，要通俗易懂，让学生一目了然。

2. 指导自学

揭示目标后，教师用投影或课件出示自学指导，引领学生自学。

根据一节课的教学任务或知识点，一堂课可分为几个自学指导。

自学指导一定要具体，做到四明确：明确自学的内容、明确自学的方法、明确自学的时间、明确自学的要求(即自学后如何检测)，让学生立刻进入状态，提高自学效率。

任何知识教师都不要急于先讲，而是要先学后教。教学中也不能忽略教师的指导作用，学生自主学习要在教师指导下进行。

3. 互查互助

学生自学后首先通过两人小组的相互检查，不会的问题相互帮助。两人小组不能解决的问题4～6人一组讨论解决，并推荐小组发言人代表小组汇报。

合作小组的作用首先是相互检查、相互监督，然后才是相互帮助。

4. 汇报点拨

对于新授知识，学生在自学和小组交流后，要向老师汇报是否理解掌握。没有必要每个小组都汇报，有一个小组的代表汇报就可以，别的小组可以补充和纠正。小组汇报后老师要给汇报的小组记分。

在学生汇报后，老师要本着“以学定教”的原则，对学生不会的、不对的问题进行点拨，学生已经会的没有必要重复。

5. 巩固拓展

教师新授之后要跟上练习，通过练习巩固新学的知识。如果一节课有几个知识点或教学任务，就要有几个巩固练习，如“自学指导一”后边就跟着“巩固练习一”，“自学指导二”后是“巩固练习二”，实际上每个自学指导都是一个小循环：独立自学—互查互助—代表汇报—教师点拨—巩固练习。在每一轮的巩固练习中，老师都要给小组记分，做到步步清。

把拓展放在巩固练习之后，目的是在课堂上先保巩固，有时间就拓展，没有时间就放到课后，拓展是分层发展的问题。拓展可作为一个弹性环节，根据时间的多少而定，有时间就多拓展，没有时间就少拓展或不拓展。

6. 检测小结

每节课必有当堂检测，达标检测是课堂常规。在全部新授和练习后，要有对本堂课基础知识的达标测试，力求基础知识人人清、堂堂清。对于达标测试题要当堂反馈。其基本流程是：独立完成、老师批改样卷或出示答案、同桌交换批改、小组汇报——老师记分。对于错题，要及时纠正。

课堂小结是课堂常规，一是结合板书或投影，对本节课的重点知识进行归纳强化；二是对学生的表现进行小结，要根据给各组的记分评出优胜组；三是布置课后作业。

以上是基本教学模式，不同学科不同课型在此基础上要做到一科多模，构建更为具体的教学模式。

四、课堂评价

“三先三后”和谐教学模式倡导“以效果为主的评课标准”，评课就要评“效果”，效果好就是好课，效果好的标志是学生紧张有序的学习。

“效果”是什么呢？按内容分，“效果”应是多元的，包括知识方面、能力方面以及情感、态度、价值观等方面；按过程分，效果又可分阶段的“效果”（即课堂教学中每一个环节的效果）和终结性“效果”（即一堂课结束，当堂达标，正确率如何）。

知识方面：一看终结性效果。即当堂达到教学目标，即下课前该理解的都懂了，该记忆的都能背熟了，该做的能当堂做完、做对。二看阶段性效果。评每一个环节的效果：自学的效果（快速、有效地了解、知道、理解）、合作的效果（能训练能力，最大限度地发现问题）、交流的效果（能真正解决疑难问题）、归纳的效果（真正学懂了，掌握运用的规律）、巩固的效果（快速独立完成，生成运用知识的能力）。三看情感方面，学习积极性高，态度端正，能快速明确目标，按自学指导紧张地自学、做题，紧张地更正、讨论，专心听老师点评，独立快速地完成课堂训练。

评课还要根据学习效果分析原因，评教师的引导。揭示的学习目标准确，表述简明具体，让学生一目了然；自学指导（内容方法时间要求）恰当，利于学生学得好；能极大地调动学生的积极性，最大限度地发现并解决学生自学后存在的疑难问题。

正如我国教育家叶澜老师所言，一堂好课没有绝对的标准，但有一些基本的要求：

（1）有意义，即扎实。（教师讲的学生都知道，何必再上课？）

（2）有效率，即充实。（课堂上学生都应该有事情做。）

（3）生成性，即丰实。（上课不能完全预先设计。）

（4）常态性，即平实。（哪怕部长听课，也要“目中无人”。）

（5）有待完善，即真实。（只要是真实的就会有缺憾。）

附：奚仲中学英语学科各类型课堂教学模式

初中英语听说课模式

一、课堂流程

情景导入，明确目标。

学习词汇，跟进练习。

大声朗读，对话练习。

梯级拓展，情感升华。

达标检测，当堂小结。

二、流程说明

1. 情景导入，明确目标

“良好的开端是成功的一半”。作为课堂教学，其导入环节是一堂课的开端。所谓导入就是教师在新的课题或活动开始时，引导学生进入学习的行为方式。正确而巧妙的导入可以激发学生的学习兴趣和求知欲，将学生的注意力吸引到特定的教学任务和教学程序之中。导入可以是一段音乐、一首歌曲，抑或是一个相关的电影片断、名人名言和对话展示，总之是教师和学生精心设计和安排的。在新课程所秉持的“以人为本”“全面发展”“多维目标”“减轻负担”等理念的引导下，我们的基本目标可以诠释为课堂活动是否具有价值、效果、效率和魅力。

2. 学习词汇，跟进练习

学生明确本节课的目标后，创设情境导入新课，然后利用图片、实物、视频或其他情境教学本节课的单词和句型。跟进练习的目的是让学生在接近真实的语境中接受新的语言信息，学会新单词和句型，完成语言知识的输入。在我们年级，单词的教学比较灵活，程度较好的班级教师采用集中识词，因为它有利于学生开展自学；而程度稍差的班级则采用单词的分段或课时教学，克服了学生的畏难情绪，易于接受。在单词教学中，我们注重由单词、词组、句型的层层推进。

3. 听力练习，技巧点拨

如何更好地培养学生听、说、读、写四项基本技能是每个教师必须面对的挑战。在这四项技能中，听力训练既是学习英语的开始也是学习中的难点。针对这一特点，我们年级的做法是让学生对听力练习有兴趣，克服恐惧的心理。美国心理学罗杰斯说："成功的教学依赖于真诚、理解和信任的师生关系，一种充满心理安全感的课堂气氛。"因此在平时的听力训练中，教师要注意学生的心理变化，创造轻松的课堂气氛，避免使其产生厌恶甚至抵触情绪，使学生具备听的动机、自信心和自然放松的状态。我们学校在硬件条件上可谓得天独厚，通过利用多媒体手段进行单词和句子的教学，调动学生多个感官来学习而不是进行机械的操练，让学生主动参与学习，潜移默化地练习了听力。学生一旦有了兴趣，听的热情就被调动了起来。

4. 大声朗读，对话练习

朗读是以课文作为语言材料进行训练的，旨在锻炼学生的口语表达能力。学生课文读熟了，书上的句子就会在脑子里储存起来，到表达的时候自然就会脱口而出，同时也能体会和享受语言带来的美感，培养英语语感，从而说一口标准地道的英语。教师结合课本，创设情境，为学生提供不同的听说任务，让学生带着具体的任务对本节课句型进行反复操练，直到练熟为止。丹麦语言学家叶斯帕森说过："教授外语的首要条件是要尽可能地让学生接触外语、使用外语，学外语像游泳一样，学生必须浸在水中，而不是偶尔沾沾水。"因而这一环节可以让学生放声朗读、大胆展示。

5. 梯级拓展，情感升华

梯级拓展是对易错题的对比训练，也是中考题目的链接，更是对难题的重点突破，它应该是灵活的。一个带着积极情感学习的学生，应该比那些缺乏感情、乐趣或兴趣的学生学习得更加轻松、迅速。因而教师在实际教学中还要注重学生情感的培养，使语言学习中的成功体验与情感态度的发展相互促进。

6. 达标检测，当堂小结

只有经过学生自己归纳概括出来的结论才是最有意义的。课堂学习结束后，让学生以小组为单位进行课堂小结。总结时可以采用知识树的形式，从知识、能力、情感态度、学习策略等方面梳理本节课所学内容。课堂小结结束后，进行课堂学习达标检测。达标检测命题要紧扣教学目标，学什么，练什么，围绕学习重点设置5分钟左右的测试题目，学生完成后，老师给出答案，小组内交换批改，对所学知识做到当堂清，对测试结果作出及时评价。

初中英语阅读课模式

一、模式流程

引入话题，明确目标。

情景导学，词语复现。

阅读全文，概括大意。

阅读细节，任务操练。

熟读复述，语法拓展。

课堂小结，达标检测。

二、流程说明

1. 引入话题，明确目标

理论依据：新教材是以《英语课程标准》为依据的，旨在培养学生的英语语言综合运用能力。它以话题为主线，一个单元一个话题，采用任务型语言教学模式，以一种循序渐进的生活化的学习程序，引导学生学会运用英语有目的地做事情，真正体现“学中做，做中学”教学理念。每单元的 Section B 的小阅读是对 Section A 的词汇、语言知识点的综合运用和延伸。教师要整体把握教材，站在整个单元的高度，引导学生了解整个单元的编写意图和知识结构后导入新课，说明本节阅读课在本单元的地位及学习目标。

操作方法：教师创设情境或巧妙设置问题引出本课话题，让学生从对旧知识的回忆中自然而然地过渡到对新知识的感知、理解上来，做到衔接自然。

注意事项：导入新课时，话题的选择要紧扣本单元或本堂课的主题；话题的选择也要贴近学生的生活实际，是学生所关心、熟悉的话题；话题的选择还要简洁明了，切忌绕圈子。

2. 情景导学，词语复现

理论依据：语言是交际的工具，交际是在特定的环境里进行的语言活动，这种活动离开了特定的情境就无法进行。正如特级教师李吉林所说：“言语的发源地是具体的情境，在一定情境中产生语言的动机，提供语言的材料，从而促进语言的发展。”教师在教学时，应精心设计话题，合理创设交际环境，营造民主、和谐、融洽的交际气氛，使学生乐于交际，善于交际。

操作方法：利用知识树展示 Section A 已学内容，师生边回忆边复习引出本课的教学重点及学习目标。

注意事项：利用知识树复习已学内容时要重点突出、清晰明了、一目了然，切忌呈现杂乱，耗时过多。

3. 速读全文，概括大意

理论依据：速读是指在阅读中积极思维，利用有关的句群知识、段落知识、文体知识，以关键词语为线索，进行联想、猜测和推断，敏捷地作出反应，才能很快地掌握文章的主要内容，取得理想的阅读效果。

操作要领：根据所给的问题，学生快速阅读整篇课文，分小组找出答案，然后小组合作进行抢答。

注意事项：速读时，学生可以默读，也可以大声朗读。但阅读时不要讨论，老师也不要提示，读完后小组再讨论答案。

4. 阅读细节，任务操练

理论依据：阅读是学生语言习得的重要途径。《英语课程标准》(2017 年版)倡导以任务型教学为主要教学模式，让学生在教师指导下，通过感知、体验、实践、参与和合作等方式，实现任务的目标，感受成功，以培养学生自主学习和合作探究的能力。任务阅读就是以具体任务为阅读动力或动机，已完成任务的过程为阅读的过程，以展示任务成果的方式来体现学生阅读的成就。它的本质是提倡学生在“做”中学和“用”中学。

操作方法：教学已进入主题之后，教师引导学生一边一遍一遍地阅读本课教学材料一边完成各项任务，任务的完成应是先独立完成，然后和同桌两人一小组讨论，遇到两人解决不了的 4 人一小组讨论。

注意事项：在阅读过程中教师要渗透阅读方法及技巧，同时要给学生足够的时间进行反复阅读。

5. 熟读复述，语法拓展

理论依据：美国社会心理学家多伊奇认为：合作是个体为了实现共同的目标而表现出来的协同行为。小组合作学习改变了教师垄断整体课堂的信息源而学生处于被动的局面，学生的主动性、创造性得以充分发挥。

操作方法：在熟读本课材料，完成各项任务的基础上，教师设置 2 人或 4 人一小组的任务，让学生们边讨论边完成任务。让学生在学习本课知识的基础上对所学语言进行综合运用。

注意事项：小组合作不能流于形式，要注重实效性，同时鼓励每位成员都要参与其中。教师要深入每个小组，了解每组完成任务情况，并给学生必要的帮助。

6. 课堂小结，达标检测

理论依据：反思是一种有益的思维活动和再学习活动，也是回顾所学内容—分析成败—查找原因—寻求对策—以利后行的过程。从大量阅读训练过渡到笔头的练习，有利于学生对本课知识的掌握，也有利于教师及时发现学生在本节课学习过程中的问题，及时查漏补缺。

操作方法：该环节是对全班学生对本节课的学习情况的一个总结，首先让学生自我反思小结，内容包括：本节课学了哪些内容，是否学会，并反思自学能力有哪些长进。针对本节课的重点内容设置经典的题目，让学生单独完成后，两人交换试卷根据教师提供的答案，进行批阅。组内讨论错题后，教师集中解决错误率较高的题。

注意事项：在核对答案时，教师要力争多让学生说，提问的面要广，这样学生们存在的问题会尽可能多暴露出来，教师的解答针对性也更强。反思要注意细节，总结要全面、要注意单元的整体把握。

初中英语复习课模式

一、教学流程

复习导入，明确目标。

基础检测，互查互助。

知识梳理，立体整合。

跟踪训练，重点点拨。

链接中考，扩展训练。

课堂小结，归纳提升。

二、流程说明

1. 复习导入，明确目标

良好的开端是成功的一半。在新课一开始，教师能否在较短的时间里调动起学生的积极性，吸引学生的注意力，使学生思维进入兴奋的状态，迅速进入学习轨道，是教学成功与否的关键。因此，课前几分钟的复习导入是课堂教学的重要前奏。教师要明确复习内容，板书单元课题，展示复习目标。

英语复习课的教学主要是进行单元复习。教师首先展示本节课的复习目标，让学生清楚本节课要完成的任务。复习目标要求简明扼要，让学生一目了然。

2. 基础检测，互查互助

教师把本单元需要掌握的四会单词、短语及重点句式罗列在导学案上，给学生时间去巩固，充分利用小组合作，互查互批，查漏补缺。

3. 知识梳理，立体整合

教师把本单元的知识点整合在导学案上，让学生小组合作，通过完成任务来练习巩固目标语言，充分展现学生的自主学习能力和小组合作意识。

4. 跟踪训练，重点点拨

教师精心选题，考查学生对知识的运用能力，要求学生独立完成习题，教师进行及时的批改，了解学生的做题情况。对于学生易错的地方，教师提出，学生集体解决；对于重点，教师进行强调和点拨。

5. 链接中考，扩展训练

教师搜寻中考题，进行整理，同时设计一些具有针对性、典型性的题目，对学生进行扩展训练，提高学生的知识运用能力。

6. 课堂小结，归纳提升

理论依据：课堂小结是复习的重要依据，“善读书者能把书读薄”是因为在掌握知识的基础上进行了概括的缘故。根据对本单元的内容进行整理，让学生理解本单元的重点和难点，开拓学生的思路，帮助学生提高对知识的理解和运用。

操作方法：知识树。

注意事项：范例要典型性，精而准。

“路漫漫其修远兮，吾将上下而求索”

——记奚仲中学英语学科“导学案”的探索与实践

英语“导学案”设计说明及操作流程

一、新授课

【学习目标】 展示本节课要学习的知识目标和要达到的技能目标，展示需要培养的情感目标。并要突出“学习重点”。

【预习指导】 分为“预习准备”“自我预习”“预习检查”等，这一步是导学案实施的关键，是培养学生自学能力和探究精神的主阵地。这一步是为了引导学生养成良好的自主学习习惯，使学生不仅知道预习，还要知道预习什么，更要获得“怎样预习”的技能，为课堂学习做好充分准备，提高课堂学习的针对性和效率。

1. 预习准备

本板块主要是导学一个单元的重点语法，采用导学的形式，要求学生先观察，再完成结论部分。结论部分要把要点设空，引导学生看书思考；难点辅导，帮助学生释疑解惑。引导学生通过观察、探究自学难点，突破重点。

2. 自我预习

此板块要求学生自学课本内容，要求听磁带、自读单词、自读课文，翻译重点句子。例如要求在文中画出新词、听录音或标出音标试读、完成 1a 等浅显性的材料，准备课堂活动的资料等。

3. 预习检查

设置“单词默写”和“句型翻译”，要求学生通过预习，完成单词和句型的初步感知，也便于学生对预习情况进行自我评价。

另外，要在课本上、“导学案”上记录自己的疑惑，以便于学生在课堂上提出疑难，展示自己不明白的问题。

【课堂导学】 第一板块“教材处理”下设“复习导入”“学习生词”“处理课本”以及跟踪检查；第二板块是“合作交流”，要求小组合作进行知识点或语言材料的交流探究；第三板块是“实践运用”，旨在运用本课所学习的内容，进行对话编写、现场作文、调查汇报、采访活动等任务的完成。

“课堂导学”充分尊重学生个体差异和语言学习的规律，由知识到能力，由浅入深，循序渐进，重视学生的合作学习、课堂学习内容的动态生成和语言思维能力的培养，强调知识学习的阶梯性和递进性，重视语言的有效输入和高效输出。

1. 教材处理

要求教师首先解惑，解答学生在预习中发现的问题和存在的疑惑，也可以让学生小组互相解决疑难。通过师生解惑的过程，自然导入到本课重点的学习，按照“生词复现—句型学习—课本处理—跟踪检查”的顺序自然完成课本内容，为下面的“合作交流”做好铺垫。

2. 合作交流

要求学生以小组为单位，在组长的组织下，共同探讨课本中的难点，突破知识性的重点。研制形式为要点设空式，可借助于《助学》引导学生从提问质疑到合作探究、启发诱导、解决问题。学生合作交流解决疑难问题后，要在组内统一认识，人人学会，然后向全班同学汇报自己的研讨成果，达到纠错补漏的目的。此时也可以设置“拓展提高”的内容，以拓展所学内容，提高学生的运用能力

3. 实践运用

在操作上，要求教师在学生“合作交流”，解决疑难具备一定量的语料储备以后，引导学生通过对话演练、书面表达、个人才技展示等形式，模拟生活场景，进行语言交流实践，提高学生综合运用语言的能力，让学生感受成功或进步。再者，通过学生间、师生间的情感体验交流，如情境表演和体验，穿插思想教育等，创设和谐的英语语言氛围，建立良好的师生关系，促进学生思想素质的健康发展。

【成果展示】 将本节课的知识点以及语言点进行练习和训练，分为“单词”“句型”“语法”“综合”四部分巩固练习。如果仅是单词学习课，可仅设置词汇考查的练习。但务必要求人人过关，力求当堂清。

【课堂延伸】 将本节课的知识进行拓展延伸，安排任务，让学生在课下参考自己的复习资料进行自学，专供学有余力的学生大展技能。学生在课堂上不明白的地方也可以记录在此，以便老师把握学情。

二、复习课

【复习目标】 展示本节课要复习的知识目标和要达到的技能目标，展示需

要培养的情感目标。

【复习指导】 分为“朗读课文”“基础回顾”“语法梳理”等(语法复习课则主要为“语法梳理”,采用漏空填词方式)这一步是复习导学案实施的关键,是培养学生自主复习能力和探究精神的主阵地。这一步是为了引导学生养成良好的自主复习习惯,使学生不仅知道复习,还要知道复习什么,更要获得“怎样复习”的技能,为课堂学习做好充分准备,提高课堂学习的针对性和效率。

1. 课文朗读

本板块主要是让学生对所复习课文内容有大概的了解,达到知识重现的目的,培养学生自主复习能力。

2. 基础回顾

本板块主要是要求学生写出所复习的课文的重点单词和句型,对重点词句的再巩固记忆。

3. 语法梳理

英语教学中单词句型是重点,英语语法是难点。在本板块中采用漏空填词形式,将重点语法项目呈现在学生面前,要求学生看书思考,提倡同学间互助释疑解惑,培养他们自主探究精神。另外要在课本上、“导学案”上记录自己的疑惑,以便于学生在课堂上提出疑难,展示自己不明白的问题。

【课堂复习活动】 第一板块“分组讨论课前预习情况,师生互问探讨,解决问题”;第二板块是“学生归纳小结”,明确复习重点;第三板块是“当堂检测”,旨在运用本课所复习的知识,运用到具体的语言环境当中。(语法课则侧重用各种方法帮助学生重现,练习语法项目)

1. 分组讨论课前预习情况,师生互问探讨,解决问题

在新授课时,本部分所用时间相对较少,但复习课不同于新授课,课上主要侧重于对学生所学知识的查缺补漏,要留有充分时间让学生对所遇问题进行再次巩固记忆。

2. 学生归纳小结

要求小组合作进行知识点或语言材料的交流探究,要明确复习重点。在此板块中,既有学生运用练习语言项目也要开辟易错习题部分,以期学生的英语水平达到再升华,进一步提高运用英语语言项目的能力。

3. 当堂检测

此部分为英语复习“导学案”的重头部分,教师要精选习题,找准易错点,让学生有针对性地去做练习。

附:部分英语导学案

Unit 2　Colour (Vocabulary)

课型:New　　课时:第一课时　　审核:奚仲中学英语组

【学习目标】

1. 学习本单元的四会单词,并能够在实际生活中运用。

2. 掌握本单元生词的同义词。

3. 了解单词构成规律,能够根据构词法记忆新单词。

4. 口语谈论自己喜欢的颜色,学会运用颜色表达自己的心情。

【学习重点】

1. 同义词。

2. 词汇构词知识。

【预习指导】

一、预习准备

看看下面这几组词有什么特点。你能总结出来吗?

A) new—old, big—small, good—bad, hot—cold, cool—warm, come—go, day—night

这些词是____________________

你还能举出类似的例子吗?

____

B) big—large—huge, leave—go, interesting—interested, glad—happy, on—above, ill—sick, across—through

这些词是____

你还能举出类似的例子吗? ____

二、自我预习

A) 预习课本 A～B 部分,标出你不认识的单词,然后到 P132 生词表中找到这些单词,标出音标和汉语意思,再读一遍。

B) 在课本上标出 A 和 B 部分单词的汉语意思,多读几遍。课堂上大家还要听你读呢。

三、预习自检

A) 用英语写出下列单词,再读几遍。

同义词________ 影响________ 需要,要求________ 忧愁,不悦________

B) 写出下面几个词的同义词,不会的请标出来。

1. require ________ 2. through ________ 3. ill ________
4. difficult ________ 5. kids (小孩)________ 6. learn ________
7. sad ________ 8. wish ________

【课堂导学】

一、教材处理

A) 复习导入

你能写出下列词的反义词吗?

1. black ________ 2. true ________ 3. dangerous ________
4. lucky ________ 5. right ________ 6. good luck ________
7. warm ________ 8. sadness ________

B) 复现生词

读读下面的句子,标出你不认识的单词,这次你一定能读出来了吧?

1. Do you know the synonym of this word?
2. He is a man of influence in the town.
3. I require you to help me.
4. The unhappiness made her very sad.

C) 处理课本 A 部分

Look at Part A and complete it. Write them down on your books. If you can't, you can put the letters in right order. 请同学们帮助 Millie 把相对应的同义词写出来,你可以参考后面的字母提示。

然后再仔细看看,你能试着读出这些单词吗?

想一想,记一记,你能记住它们吗?

D) 处理课本 B 部分

请同学们帮助 Kitty 完成转盘上的内容。

检查记忆:先两人合作,一个说出单词,一个说出同义词。然后自己检查,快速记忆,看谁能写下来。

1. affect ________ 2. know ________ 3. moods ________
4. characteristics ____ 5. sadness ________ 6. need ________
7. hope ________

二、合作交流

学习了同义词知识，你一定跃跃欲试吧？小组合作探究，共同完成下面的同义句。

1. The bag is not black.
   The bag is ________.
2. I know about what you said.
   I ________ your words.
3. The quarrel made her a big sadness.
   The quarrel made her a big ________.
4. My bike needs mending.
   My bike ________ to be mended.
5. I wish everything ready.
   I ________ everything ready.

三、拓展提高

学习了反义词和同义词，你知道还有哪些构词知识吗？

A）观察下面的单词，有什么规律？掌握规律后，写出新单词。

1. lucky—unlucky　important—unimportant

happy—________ usual—________ pleasant—________

2. like—dislike　agree—disagree

honest—________ order—________ appear—________

这些单词有什么规律？你能总结出来吗？

____

B）再看看下面的单词。

1. cheer—cheerful　help—helpful

use—________ beauty—________ wonder—________

2. invent—invention　invite—invitation

operate—________ act—________ decide—________

这些单词有什么规律？你能总结出来吗？

____

四、实践运用

选用下面所给的同义词，你能编写一篇小对话谈论一下颜色吗？小组内先合作编写，然后向大家展示。

need—require, strong—powerful, happiness—joy, energetic—lively, hope—wish, contented—satisfied

【成果展示】

为画线单词选择同义词。

1. Your personal information is required when you buy an air ticket.

2. His history teacher greatly influenced him.

3. Wisdom is sometimes gained through experience.

4. Solar power is considered to be a cleaner way of producing electricity than burning fossil fuel.

5. Eating certain foods can affect your emotions.

6. She seemed unhappy after hearing the news.

7. After his team lost the game, he was the saddest in the room.

8. We all have different characteristics.

9. We then realized we had done something wrong.

A qualities

B most

C came to know

D sad

E needed

F energy

G knowledge

H affected

I moods

【课堂延伸】

1. 英语构词法不只有“同义词”、“反义词”以及“派生词(单词前后缀)”以及“合成词”,还有其他构词方式,这些都是我们记忆单词和学习更多单词的法宝。

大家课下查找资料，学习构词法知识，明天晨读课向大家汇报吧。

____

____

____

2. 在本节课中你还有什么不明白的问题，还有什么没有掌握的知识，请记录下来，找机会询问同学或老师。

____

____

____

【点评】

本课“导学案”设计新颖，步骤完整，符合我校以“导学案”为载体的，“先学后教，教学合一”的教学理念。本课“导学案”的设计具有如下特点：

一、预习部分设计新颖，便于学生突破难点

我们学校要求运用“预习指导”对学生进行课前预习的指导，如果学生预习充分，重难点突破得当，在课堂上教师教的时间就会大大缩短，学生训练的时间才能充分，学习效果才能得以提高。本节课就是基于此点考虑，首先复习几个关于词汇的知识点，让学生打牢基础。然后进行“自我预习”，突破课本难点。并设计了“预习自检”，便于学生进行自我检测。

二、课堂学习遵循由易到难，步步为营

在课堂学习中，首先听从老师安排，进行复习，再引入新课内容，打好铺垫；接着复现课前预习的词语知识，进行单词的巩固和训练。这样再处理课本知识就显得顺理成章，水到渠成。在课堂学习中，本导学案突出“合作学习”，要求课堂学习的每一步都要以小组合作的形式进行，培养了学生的合作精神和探究意识。

三、提供有效情景，促使学生进行口语交际

在本节课导学案中，“实践运用”突出了口语交际的重要性。中国人学习外语最难过的一关就是口语交际，因为我们没有可供交际的环境，所以，我们在课堂上要尽量创设情景，提供给学生一定的语言材料，让他们用自己掌握的知识进行口语的表演和演练。这节课提供的情景是有效的，学生可以根据所提供的场景和词语进行发挥，便于学生进行表演和操练。

四、课堂练习精短而实用，以便学生当堂达标

最后的“学习成果展示”部分，是一节课的升华，要求学生必须具备本节课所学习的基本知识，才能形成基本技能。这节课设计的练习虽然精短，但是非常实用，要求学生运用本节课的同义词知识，解决这几个关于同义词的练习题。学生如果本节课学习得高效而充分，就能顺利达标；如果不能达标，教师也能够把握学情，便于课下进行有目的的辅导。

定语从句

课时：1 课时　　审核：奚仲中学九年级英语组

★复习目标

1. 复习由关系代词 who, that, which, where 等引导的定语从句。

2. 在运用中提高学生的听说能力。

3. 学会谈论自己喜欢的事物和人，学会感恩。

★预习指导

利用你的学习资料，复习定语从句。

A) 在复合句中修饰名词或代词的从句叫________________.

定语从句结构：先行词＋关系代词/关系副词＋从句。

I love singers (who) write their own music.

I like the music (that) I can dance to.

其中上两句中 singers 和 music 是定语从句中所修饰的词，叫________，定语从句放在先行词的后面。Who 和 that 被称为________。

定语从句中常用的关系代词有哪些？________________

你还能想出哪些常用的关系副词吗？________________

B) 关系代词/副词判断步骤：一看先行词是什么，二看从句缺少什么成分。

确定先行词在从句中的成分：

先行词	主格	宾格	所有格
人	who, that	who(m), that	whose
物	which, that	which, that	whose

关系副词：

________指时间，在从句中作状语。

________指地点，在从句中作状语。

注意要点一：介词后关系代词，只能用 which 代物，用 whom 代人。（介词在末尾时，关系词可以省略）一定不要用____________________。

注意要点二：先行词是哪些时，只能用 that 呢？

____

____

课堂活动：

(1) 学生观看视频找出含有定语从句的句子，进而引出定语从句。

(2) Practice(1+1=1)（根据给出的关系代词，把下面的两个句子合并为一个含有定语从句的句子）。

1) The pen doesn't work. I bought the pen. (that/which)

2) I like music. I can dance to the music. (that/which)

3) I like music. The music that has great lyrics. (that/which)

4) I prefer books. Books are written by Bingxin. (that/which)

5) The boy is Jim. The boy is reading. (who)

6) The teacher will give us a talk. The teacher is famous. (who)

7) The woman got the job. We saw her on the street. (whom)

8) That's the girl. I met the girl yesterday. (whom)

(3) 记忆风暴，巩固知识。

(4) Practice in pairs 复习关系副词 where。

(5) 典例温故，强调易错点（用适当的关系代词和副词填空）。

1) The pencil with ________ he was writing broke. (2009 北京中考)

2) Li Ping with ________ I went to see the film, enjoyed it very much. (2008 泰安)

注意：介词提前时修饰物指人用________，指物用________，而不能用________.

3) This is the first book ________ he has read. (2009 烟台)

4) This is the only book ________ belongs to him. (2009 潍坊)

5) This is all ________ I know about the matter. (2009 黄冈)

A. that B. what C. who D. whether

6) He talked happily about the men and books ________ interested him greatly in the school. (2009 南京)

A. which B. that C. it D. whom

注意：如果先行词指物，关系代词可用 which 或 that，但以上情况宜用

that,不用 which 。

7) I still remember the day ________ I joined the League. (2008 济南)

8) This is the place ________ we worked last year. (2009 天津)

注意:关系副词________ ________(一般情况)可以与介词+关系代词替换。

when 在定语从句中作时间状语,相当于"介词+关系代词(which)"。

where 在定语从句中作地点状语,相当于"介词+关系代词(which)"。

(6) 能力提升。

One of the students describes the objects that you like to own or have and others guess. 一位同学用定语从句描述你们想拥有的或已经有的东西,让其他同学猜。

Eg: Jack would like to own an object which can help him to get to school quickly.

【当堂达标】

一、单项选择

1. This is the book ________ I'm looking for.

A. /　　B. which　　C. that　　D. all the above

2. This is the school ________ I worked seven years ago.

A. in which　　B. in that　　C. which　　D. that

3. This is the only book ________ I bought last year.

A. which　　B. that　　C. what　　D. who

4. This is the best book ________ I have read.

A. which　　B. that　　C. what　　D. both A and B

5. This is the place ________ I have ever visited.

A. there　　B. when　　C. where　　D. which

6. This is the house ________ I want to buy.

A. in which　　B. that　　C. whose　　D. Where

7. I hate the people ________ don't help others when they are in trouble.

A. who　　B. which　　C. they　　D. where

8. The foreigner ________ visited our school is from Canada.

A. which　　B. when　　C. who　　D. Whom

9. That's the girl ________ I met yesterday.

A. which　　B. when　　C. who　　D. Whom

10. The house ________ we live in is very big.

A. who　　B. which　　C. they　　D. where

二、翻译下列各句

1. Here is the pen ________ (你昨天丢失的).

2. The man ________(上周给我们做报告的) is a famous scientist.

3. This is the best story ________ (我听到过的).

4. The teacher ________(教我们历史的) is named Betty.

5. I like music ________(我能跟着跳的音乐).

三、在文章中运用定语从句,选择适当的关系代词填空,有多余项

who	whom	where	when	whose	which	that

Mother's Day is on the second Sunday of May. It is an important day ________ people can show thanks and love to their mothers. They go back home ________ they can get together and have a big dinner. Gift-giving is the most popular thing ________ people do on Mother's Day. It can be a small card on ________ people write down best wishes. Or it can be a bunch of flowers ________ can bring good luck. Who are the busiest people on Mother's Day? Of course the man and the kids. They are the people ________ should do all the housework that day. How happy mothers are that day.

四、写作提高

母亲节马上就要到了,懂事的你要送给妈妈什么礼物呢? 根据下面的提示完成 A present for my mother 这篇文章。(相信你们是最棒的)

提示:5 月 9 号是母亲节。我的妈妈是个勤劳善良的女人,我爱我的妈妈。

我想给她买个她喜欢的礼物。我将要和喜欢购物的朋友一起去逛街,我们将去薛城最大的超市去买。那家超市里有漂亮的礼物,我相信我们一定会为妈妈买个好且实用的礼物……

____

____

____

____

____

教学后记：

______

【点评】

本节课导学案的设计符合“导学案”先学后教、教学合一的教学理念，遵循教育规律，从认识规律出发，让学生从感知到观念，帮助学生重建认知结构，为学生的复习奠定了良好的思维基础。其特点是：

1. 板块衔接紧密，层层递进

我们在复习时就应该抓好复习板块之间的联系，由易到难，层层递进，不能只就题讲题，而应该纵观全局，找出各部分的联系，环环相扣，才能形成复习链。

2. 学生是复习的主体

复习课要高效，关键一点是要了解学生需要什么，清楚学生的薄弱点和能力欠缺处，判断复习的节奏是否符合学生的认知规律。

本课导学案的预习部分指导到位，知识点突破得法，学生的预习非常充分。这样便于教师对课堂情况、学生预习处理的程度、各层次学生的差异性等了解清楚，然后抓住学生迫切需要解决的问题进行复习，这样的复习才有针对性，才会使学生有收获。

3. 教给学生复习方法

教师在组织学生复习时，不仅要巩固基础知识，还要注意培养和提升学生的各项能力。一是在单项选择和单词拼写练习中培养学生运用词汇和语法的能力；二是通过语法或语篇的训练让学生拓展所学习的内容，达到提高综合运用语言的目的。本节导学案的编制就设置了“拓展运用”部分，让学生在充分复习原有基础知识的同时，提高解题能力。

“长风破浪会有时，直挂云帆济沧海”

——记奚仲中学全力打造“三先三后十”和谐教学模式升级版

一、“三先三后”和谐教学模式的建构和回顾

近几年来，我校的做法是：走出去学经研道，构建校级模式；请进来专家引领，提升校级模式；立标学标达标，攻坚学科建模；内化提升出个性，升华个人建模。稳步推进“三级建模”活动，有效推动课堂教学改革，构建奚仲中学课堂教学特色。

（一）“三先三后”和谐教学模式的内涵

1. 基本含义

先自学后合作，先汇报后点拨，先巩固后拓展。

2. 基本原则

先学后教，以学定教，当堂达标。

3. 基本流程

导入明标，指导自学，互查互助，汇报点拨，巩固拓展，检测小结。

4. 学科模式

根据“三先三后”和谐教学基本模式，不同学科不同课型做到一科多模，构建更为具体的教学模式，较为成熟的学科模式近30个。

语文学科：散文教学模式、小说教学模式、文言文教学模式、写作课模式、复习课模式、讲评课模式。

数学学科：新授课模式、讲评课模式。

英语学科：听说课模式、阅读课模式、复习课模式。

物理学科：新授课模式、复习课模式。

化学学科：新授课模式、复习课模式、实验课教学模式、讲评课模式。

思品学科：新授课模式。

历史学科：新授课模式、复习课模式、讲评课模式。

地理学科：新授课模式、复习课模式。

生物学科：新授课模式、复习课模式。

5. 课堂评价

“三先三后”课堂的基本要求:扎实、充实、丰实、平实、真实。课堂评价重点评“效果”,效果好就是好课。评课要根据学习效果分析原因。各学科课型制订了具体的评价标准(评价表略)。

(二)“三先三后”和谐教学模式实践的阶段成果

1. 促成教学管理套路创新

(1) 教学常规管理新套路。从早读、备课、上课、作业、小组合作、四清、质量监控等“七条”抓起,每一环节都有套路可操作,有要求可监测。

(2) 形成备课组、学科组、学校三级教研体系。

备课组教研:定时间(每天小教研,每周四大教研);定内容(计划上墙,先提前一周备课);定周清(清的内容、周清试卷);定活动(磨课——同题异构);定形式[“八说”说课模式:说教材(教材分析)、说学情(学情分析)、说目标(教学目标)、说模式(教学模式)、说方法(教学方法)、说设计(教学设计)、说板书(板书设计)、说得失(教后反思)]。

学科组教研:赛课活动(典型展示);专题教研(教师论坛、课例研究);特色展示(每学期一次优秀教研组特色展示);期末说模式(总结、修正、提升学科模式)。

学校教研:点课活动(每天点课,监控课堂,当堂组织堂清);奚仲大讲堂(课改推研阵地);质量监控(年级组织联合单元检测,教导处组织期中、期末过程诊断性测试);年级常规展示(第一学期八年级,第二学期七年级常规展示)。

2. 形成师友互助学习方法

分组原则:组间同质,组内异质。

小组人数:师友(同桌)互助下的 4～8 人合作(七年级一般 4 人组,八九年级一般 6 人或 8 人组),每班互助小组不宜过多。

座位安排:按学生的学习基础排序,整体稳定,定期轮换。

小组经营:小组凝聚力培养(自主命名、制定组规、班启动仪式);组长设置[正副组长固定(可轮流)、组内每人都要有管理任务,要轮流]。

活动规则:组内合作方式“互查、互督、互帮”;“独学—合作—展示—点拨—修正”活动模块。

小组管理:教师眼里有小组而不是个别优生,提问到组;分档加分、捆绑评价。

二、"三先三后十"深度研究的内容和思考

十余年的课改，从浅表学习到深层学习，从文本课程到网络课程（云课程、数字化课程），从数字化学习环境到智慧学习环境，课改已进入整体多元改革的新时代。"'三先三后＋'和谐教学深度实践"创建项目是我校"三先三后"和谐教学模式继续探索，将引领学校进入深度课改的新阶段。

（一）"＋深度学习"

深度学习是培养学习力的学习，以感知力为学习前奏，思维力为学习内核，创新力为学习结果，是一种全身心投入、经历思维探索过程、获得深度体验的生命化深刻学习。

"三先三后"和谐教学模式以"学生为主体，教师为主导，学生学会学习为主线，学生能力发展为主旨"，始于"先学"，"先学"的程度决定"后教"的起点。"先学"不是简单的预习，是有目标、有质量的自学或互学，关键是提出"问题"。学生先按要求进行自学，可以在课前，亦可在课上。"后教"非传统的"讲"而重在"导"，针对自学中提出的问题先组织学生合作探究学习，生生互学解决部分问题，并提出较集中、高质量的问题。教师把问题分解、变式等，引导学生进行探究，不能解决的问题教师才"讲"，让学生充分体验知识学习、探究的过程，体验到学习的愉悦，形成并发展学习力。

1. 深度自学

要求学生从感知学习、独立思考，到学会提出问题、分析问题和解决问题，实现从表层自学到深层自学的转变，从感知力到思维力、创新力的升华。

教师层面：

(1) 充分相信学生的学习潜能，相信文本的教学功能，放手让学生自学，为学生自学提供平台。

(2) 给学生留足空间，教给方法——"知、读、练、结"自学法，交给工具——导学案、自学指导、微课、学习资料等。教师必须精心设计教学，需要清晰地回答以下 5 个问题:学什么？为什么学？谁来学？如何学？学得如何？

(3) 引导学生尝试单元学习，注重学科知识的整合，将碎片化知识系统化、结构化，注重问题意识，促进高阶思维，达成迁移应用。

(4) 跟进管理，实施多元评价。

学生层面：

(1) 学会自学方法——"知、读、练、结"。

"知"，即学前"五知道"，知道学什么（内容），为什么学（目标），怎样学（方

法)，学多久(时间)，学的怎样(检测方法)。

“读”，即阅读教材，分快读、细读、精读。快读，即在注意力高度集中状态下快速浏览教材，通过关键词、句或段落了解其要旨，找出所需具体信息。特别是要借助思维导图提高阅读效率，边阅读边在大脑中画“导图”，或把“导图”画在纸上，以免遗忘。细读是逐字逐句地读，钻研教材的内容，掌握范例格式，结合“查、划、写、记、练、思”六字诀扎实读，“查”着工具读，“划”着重点读，“写”着感受读，“记”着内容读，“练”着习题读，“思”带着问题读，及时准备提出和回答问题，提取与问题密切相关的具体信息。精读是要细致研读教材，深入理解、概括、记忆内容，用类比、联想、归纳等方法完善导图。

“练”，即练习，完成导学案、助学、课本上的自学作业，以检测自学效果，及时发现一些自学中不能解决的问题。

“结”，即自学总结，尝试运用思维导图进行总结、记忆，特别是归纳出发现和提出的问题，以便拿到小组合学时解决。

(2) 养成自学习惯。在教师的指导下，划定时间、明确任务、掌握方法、生成问题、组内互查、组间互助，有目的、有计划、有步骤、有章法地自学，使自学活动结构化、习惯化。

(3) 发展审辩式思维，增强自学信心。爱因斯坦说：“提出一个问题，比解决一个问题更重要。”在自学过程中，要善于运用：假如、例如、替代、可能、想象、类别、六何(为何、何人、何时、何事、何处、如何)等进行思考、提问。

(4) 学会自我管理。及时对自学过程、合作学习进行自我评价，并按期将导学案、思维导图、错题本等整理装订成册，每周按导图、导学案进行回顾、复习。

2. 深度合学

课堂是自学为始，自学产生合学的需求，自学为终，自学消化合学的成果。合学只是手段，它的最终目的是实现深度学习。

(1) 小组建设

① 分组原则：互补互助、协调发展、组间平衡、组内差异。

② 构建小组：师友(同桌)为基本组，师友(同桌)互助下的4～8人合作小组(七年级一般4人组，八九年级一般6人或8人组)。

③ 座位安排：师友横向排座，师傅与师傅前后挨着。

④ 小组经营：一是选好组长、学科代表、发言人等，明确职责；二是培训组员，学会分工，学会表达；三是给小组个性化命名，制定组规，绘制小组海报，启动仪式；四是学科间达成共识，小组相对固定，给学生的学习提供方便。

（2）合作学习

① 合学程序：先独立后合学。交流四步法：一看，先自学课本，查阅相关资料；二问，师友互相提出自学过程中出现的问题；三助，师友间互相帮助，想法解决疑难问题；四提，师友交流中还不能解决的问题提交全班交流时解决。

② 学会发言：一是学会清楚表达自己的观点，接受他人的意见并改正、补充；二是学会倾听别人的意见，努力掌握别人发言的要点，对别人的发言勇于作出评价；三是学会质疑、反驳，敢于提出不同的看法，表达个人观点，听不懂时请求对方再讲一次；四是学会组织、主持小组学习，能根据他人的观点，进行总结性发言；五是学生会用两种音量说话，一种为组内声音，15 cm 以内能听到的声音称为图书馆声音，保证组内成员听清，另一种为全班都能听到的声音（全班声音）。

③ 互动交流：班级交流形式比较灵活，有小组代表交流，也有学生与学生、学生与教师的互动，教师在倾听的基础上引导点拨，让学生的思维进行碰撞，让智慧的火花熊熊燃烧。

④ 机会均等和机会限制：要求人人参与，对发言多的进行次数限制，以便他人也有表达的机会，实现全员参与；合作学习的调控应当注意抓好常规，树立榜样，充分利用示范效应；健全小组奖励机制，课堂上应恰当运用鼓励语言，让学生学会评价。

⑤ 职责轮换：小组成员的分工要定期轮换，培养学生责任意识，体验多种角色，从而进行换位思考，有利于小组合作。

（3）教学相长

① 构建学法教法一体化学习模式：功夫要下在备课上，基础要“砸”在课堂变式训练上，技巧要放在命题上，提高要落在讲评上。一是教材不能不靠，但教材也不能全靠，鼓励教师编写适合自己学生的教材和练习；二是用能举一反三的例子，教就教这样的教材；三是既要重视学科教学的术，又要重视教育本身规律的道。

② 生本评研：以学养学，以学养考。评就是评价，研就是研讨。评研就是让学生用研究的态度对待考试，把考试作为对知识的再次学习和研究的过程。评研的操作方法：教师编制试题—学生做题—互评研讨（互对答案、研究错题）；学生编制试题—同学互考—互评研讨；教师再编制试题—学生再做题—再互评研讨；一周一小评，一月一大评，学生自评，班级评比，全体学生全方位参与研讨过程。

③ 点拨规则。

三讲三不讲：讲易混、易错、易漏的问题；讲学生想不到的问题；讲归类提升的问题。不讲学生已经会了的问题；不讲学生自己就能学会的问题；不讲教师讲了学生也不会的问题。

四动四不动：学生要发动、活动、激动、行动，但不要骚动、躁动、浮动、瞎动。

五要五不要：指导学生要体现启发性、差异性、结构性、规律性和拓展性；不要简单重复，不要机械照搬，不要琐碎设问，不要一刀切，不要信口开河。

（二）“＋ 课程整合”

学校教育正从“知识核心时代”走向“核心素养时代”。核心素养正在塑造未来教育的图景，成为课程改革与育人模式变革的航标。核心素养的整体性和融通性决定了课程实施必然是整合的。学校从自身的办学理念出发，以学生为核心，将核心素养进行校本化表达，整合课程，把学生的心点亮。

1. 基础学科课程整合

一是学科内整合，教师根据课标的要求，结合实际教学需要，灵活地和有创造性地使用教材，可从以下方面进行适当的取舍和调整：① 对教材内容进行适当的补充和删减；② 替换教学内容和活动；③ 扩展教学内容或活动步骤；④ 调整教学顺序；⑤ 总结教材使用情况。

二是学科间整合，意在整合各学科知识，以减少课程内容的重叠与分化，彰显知识、技能与生活世界的联系及其价值。加强信息技术和各门学科的整合教学研究，探索跨学科协同教学、包班教学、合作教学，培养“一专多能”型教师。

2. “一纵八横”课程

学校基于学生成长和发展（一纵）和育人目标（八横），结合核心课程，整合地方课程，完善校本课程，构建学校课程体系。

人格成长类课程：整合班会、社团活动、升旗活动、专题教育活动等，内容做到主题化设计，根据学生发展及课程实施的需要，采用长短课、周课、月课、阶段性课等，集中和分散相结合的形式灵活安排，使活动课程化。

科技创新教育课程：开设科学发展史、学科发展前沿等方面的拓展性课程，帮助学生了解物理、化学、生物、地理、技术等学科的特点与方向。课程重视科普读物及多媒体科学资料的阅读，按照选择性教育思想，尊重学生兴趣爱好，设计项目式、主题式、探究式学习活动，创设有意义的真实学习情境，增强学生的探究精神和综合素质。

拓展性课程：有知识拓展、体艺特长、实践活动等三类。学校发挥本校教师的专业特长和兴趣爱好，统筹图书馆、实验室、专用教室、活动场地等校内场地设施，充分利用家长、社区和社会机构等校外教育资源，借助青少年活动中心、劳技实践基地、综合实践活动基地、博物馆、展览馆、俱乐部等校外教育场所，开发开设拓展性课程。

（三）“＋智慧教学”

“交互式电子白板平台”进课堂。学校已全面更新了“交互式电子白板平台”。交互式电子白板接入互联网，具有丰富的资源库，具有随时书写、绘画、拖放组合等功能。运用白板上多媒体技术生动、形象地展示教学内容，亲自操作，展现知识形成的过程，有效促进师生间教与学的互动，有效促进课堂教学的大容量、多信息和高效率。在电子白板背景下，通过教学技术手段改革与课堂模式改革的整合、融合，实现“1＋1＞2”的增值效应。

“互动学习云平台”进课堂。互动云平台融入互动学习云平台、云教学服务平台、云录播直播系统和测评服务系统等，它基于网络环境，以平板电脑和云平台为载体，从减负、增效双重目标入手，优化教与学全过程，为老师和学生之间架起一座桥梁。教师可以随时通过全过程互动学习产生的大数据进行挖掘和分析，达到“以学定教”的个性化需要，让每个学生都有一个学习团队和多个“私人教练”，变被动学习为主动学习。同时，云课堂自动录制。教师可随时回看课堂，看同事的课堂，听课学习也变得随时，网上交流也变得随心。也正是可借助于此，云教学可以倒逼老师不断学习，促进教师专业水平的提高。互联网、云平台、电子书包、大数据等进了课堂，“互联网＋教育”促进了课改进入新时代。

三、“三先三后＋”和谐教学深度研究的理论依据

陶行知先生说过：“我以为好的先生不是教书，不是教学生，乃是教学生学。”[①]研究学生，研究学习，研发与使用学习工具，研究互联网助推“学”……所有的改变都是基于对“学”的服务和支持。研究学生不仅仅是教师组织教学的起点，更重要的是教学的终极追求。把深度学习和有效教学结合起来研究可以将新课程的理念及追求与学校建设的“三先三后”课堂教学行为有机结合起来，丰富和拓展课堂教学理论和新课程理论的研究，为广大一线教师进行科研提供理论依据和参考，为教育教学理论在这一方向的研究提供实证。同时，“三先三后”课堂状态下的深度学习将鼓励学习者批判地学习新的思想和知识，并使之融入原有的认知结构，能够联系多种思想迁移到真实情境中，促进学生的学习

① 陶行知：《中国教育改造》，商务印书馆2014年版，第18页。

与解决问题的能力及可持续发展。

美国教育学家布鲁纳说:"学习"存在表层和深层两个过程,掌握知识、经验的过程是学习的表层,而通过掌握知识,形成一定的思考方式、学习态度,增强解决问题的能力和自信才是学习的深层过程,真正的学习应包括获取知识、发展能力和形成态度。①

深度学习的"深"表现在:学习态度一往情深,学习内容深得我心,学习方法深有体悟,学习过程静水流深,学习收获意味深长。

美国教育心理学家布卢姆将认知领域学习目标划分为6个层次——记忆、理解、应用、分析、评价及创造。浅层学习认知水平较低,一般只处于"知道、理解"的层面,要求学生对知识能够进行简单的描述、记忆或者复制。而深度学习要求实现更高的层次,如应用、分析、评价、创造,这是一种以促进学生批判性思维和创新精神发展为目的的学习,不只涉及知识的记忆,还强调学生积极主动的学习状态、知识整合和意义连接的学习内容、举一反三的学习方法,更强调学生对知识的应用和问题的解决,属于高级思维活动。深度学习不仅是学习知识,而且是学习知识背后的方法、思维方式、价值文化等,是指向能力及素养的学习。

美国学者埃德加·戴尔提出的"学习金字塔"理论指出:学习效果在30%以下的都是个人学习或被动学习几种传统方式,而学习效果在50%以上的都是团队学习、主动学习和参与式学习。深度学习要求为每一个孩子的学习设计、创设一种适合他们的学习环境,构建起"学得真""学得深"的学习场,最大限度地满足其个性化学习。深度学习是深度课改的必然路径。

互联网正在打破地理的边界、生活的边界,也必打破学习的边界、学校的边界。这决定了学习可以随时随地发生,也决定了教师再也不能是坐享信息不对称红利的教授者。教育信息化的核心是改变学生的学习,是围绕学生的学习创造资源、提供技术和服务,是为确保更多学生的个性化学习、多元化学习成为可能。

近年来,教育部以核心素养为基础推进课程改革,制订相应的课程标准和教育教学质量标准。无疑,这是对课堂最应该让学生学习有价值内容的有力导向和引领。而如何在核心素养的统领下,确定教学内容、安排教学环节、选择教学方式、培养学生优秀品质和能力,已成为教育工作者不可忽视的课题。换言

① 李廷宪:《教育伦理学的体系与案例》,安徽师范大学出版社2010年版,第123页。

之，要重新发现学科深藏的育人价值，重新梳理学科独特的素养，改变学科教学内容和思维方式，为未知而教，为未来而学，这是课堂改革再出发的转折点和最有价值的探索空间。

“三先三后＋”和谐教学特色项目的创建将助力课堂教学从“教中心”向“学中心”的转变，有效地促进学生全面发展，将助力学校教学文化积淀和升华，助力“心拥幸福，卓立齐鲁的品牌学校”的学校愿景的实现。

四、“三先三后十”和谐教学深度研究的措施

1. 提高认识，加强领导

学校特色建设是全面推进素质教育的需要，是提升学校核心竞争力的基础；它的真正建成需要一个漫长的发展、积淀的过程。学校成立特色项目创建领导小组，校长任组长，业务校长为副组长，教导主任、教科室主任、年级主任、教研组长、备课组长为成员。

做好创建项目的顶层设计，按照“整体规划、分步实施、逐步推进、巩固提升”的创建策略，分解任务，明确职责，稳步推进。创建项目的顶层设计要做到明确项目责任人、明确创建总目标和阶段目标、明确创建举措、明确跟踪督查、明确成果呈现形式“五明确”，要运用好“学、查、纠”，有条不紊地组织开展特色创建工作。

坚持特色创建常态化，统领学校整体工作，做到精心确立创建的主要内容、精心建构创建的结构体系、精心确定创建“路线图”、精心编制创建时间表等“四个精心”；做到与学校常态工作相结合、与课程实施相结合、与教师培养相结合、与学生习惯养成相结合、与学校文化建设相结合等“五个结合”。

2. 科学论证，完善方案

学校遵循概念化、常态化、课程化、品牌化的品牌创建路径，首先，召开骨干教师、课改优秀教师、学生代表等参加的座谈会，弄清教师眼中的高效教学，教师需要怎样的课堂，学生到底需要怎样的课堂。然后，召开领导干部专题研讨会，认真梳理“三先三后和谐教学模式”创建过程中的得失，在继承与发展的基础上，确立“三先三后＋”和谐教学特色项目，以进一步深化学校课堂教学改革。之后，针对“三先三后＋”中“＋”的内容进行征集，从中选取学校课堂教学中普遍存在的问题，如：怎样让学生真自学，学生怎样是真合作，教师在教什么，学科教学怎样育人，“互联网＋教学”应用等，在教师中开展大讨论。学校在进行论证、细化后，拟定了特色创建方案。

3. 研训结合,专业提升

健全教学、研究、培训一体化的教科研机制,培养“品牌人”。学校从干部、教师、班主任、学生等不同层面入手,借助各类培训平台,让其掌握新课改理念,规范教学行为,明确学习的方法,养成项目所要求的教的习惯和学习的习惯。

实施行动研究战略。学校以特色创建过程中的突出问题为课题,以有效解决问题为目标,科学确立特色研究的主题,扎实开展以校为本的研究,用特色课题来引领特色实践,用教育科研来解决实际问题。

积极开展“引智工程”。学校也将聘请专家培训指导,亲临课堂,现身说法。借大师之智,优化改造策略。

4. 聚集课堂,精准实施

按照“典型带动、同行互助、整体发展”的思路,实施学科组、年级组、学校三级管理,逐层落实,全面开展特色项目创建活动。

加强校本教研活动,提高备课质量,尤其是优化导学设计,提高把握教材、课标水平,分析学生、学情,提高驾驭课堂能力。

各学科组长具体引领本组教师进行教学实践,精准实施项目创建方案。学科组有序开展磨课、研讨课、说课活动,交流教学心得。

年级组开展教学论坛活动,组织好赛课活动,重构教与学的关系,举办好年级优秀成果展示活动。

学校组织优秀教师上好示范课、公开课,组织好优秀成果的推介、展示活动,举行校际间、教育联盟校的同课异构活动,借助中国陶行知教学法研究中心平台与全国各地名校切磋、交流,引导学科教师生成个性化教学特色。

5. 塑造特色,形成品牌

定期总结特色项目创建的成果与经验,认真梳理形成体系,邀请知名教育专家跟进指导、提升、评定,选派优秀教师走出去到他校送课,充分展示项目创建的优秀成果,同时在研讨、交流中提升、完善特色项目,积淀、重塑学校教学文化,丰厚学校文化体系,形成学校办学品牌。

6. 健全机制,精细管理

学校依据枣庄市《特色项目规划评估标准》制订项目创建工作考核细则,建立“名、优、特”教师、特长学生的考评和奖励机制,激发广大师生创建特色的积极性。学校将加大项目创建的经费投入,做到专款专用。

加强项目创建过程中的档案资料、过程性材料、成果类材料的积累、整理,针对创建过程中的优秀成果编辑成册或出版,使之得到及时推广。

我的幸福收获

如果有人问我“在你二十年的教育教学生涯里，你感觉幸福吗?”我会毫不犹豫地回答:“Yes.”

无论是从自己的课堂教学，从参与的学校课改，还是课后的反思感悟，我都深深地感受到了作为一名教育工作者的快乐和幸福。

走进课堂，让我有一种激情澎湃、壮志满怀的教书幸福感；走进课改，让我有一种运筹帷幄、决胜千里的改革幸福感；闲暇反思，让我有一种返璞归真、亲近自然的生活幸福感。

如此，甚好，岂不幸福?

教育给我的是一种享受:培养了一届届莘莘学子，成就了一批批教坛名师，创造了一个个教育奇迹。我不断地体验着课改带给我们的幸福，带给学生的自信。我深深地感到:教育不是牺牲而是享受，教育不是重复而是创造，教育已不再是谋生的手段而是生活中不可缺失的重要组成部分。

幸福是一种心态，是一种收获。做自己喜欢的事情就是幸福的，自己的愿望实现了就是幸福的。走在校园里，学生们快乐地玩耍；在课堂上，学生们求知若渴；办公室里，荣辱与共、互帮互助的同事，处处散发着幸福的信息。

我的幸福收获还体现在点点滴滴的工作中。学生满意的答卷、家长感激的笑脸、自己刚刚发表的论文、学生节日的祝福短信……

幸福真的无处不在。

对我来说，幸福收获更是一种精神享受:自己成熟的教育教学理念，独特的教育教学艺术，坚定的教育信仰。

从教二十载，收获满满，幸福满满。

在英语教学中融入西方文化教育的尝试

多年来，我们在中学英语教学中一味使用语法教学，注重语言形式的学习，结果造成一种奇怪的“哑巴英语”现象，因而受到了国内外专家乃至大部分师生的一致指责。在一片“重视交际能力培养”的呼声中，“哑巴英语”现象得到了很大程度的改善，这着实让我们为之欣慰。

随着我国改革开放的进一步深入，我国经济文化等领域与世界各国的联系更加紧密，中国已全方位面向世界，我们使用英语的次数和场合也会随之增加。

语言是文化的载体，任何语言的产生都有其丰富的文化背景，如何减少因英语文化知识的缺乏而造成的失误，以达到更加熟练运用英语的目的，成为摆在我们面前的问题。我们还应该认识到：在英语教学中只重视交际能力的培养还远远不够，我们还应该加强对该语言所属文化的了解，才能做到“知己知彼”，在日常生活和对外交往中减少失误。

初中英语教学在整个英语教学体系中占有极其重要的地位。受经济及其他因素制约，我国绝大多数学校英语教学是从初中阶段才正式开始，那么如何在初中英语教学过程中通过了解西方文化促进英语教学？本文就这一问题结合 JEFC 教材谈几点方法，愿与同行们共同商榷。

1. 通过英汉两种文化的比较，帮助学生了解西方文化

初中英语新大纲明确规定：“为了确定教学重点和难点，教师可采用英汉对比的方法。”在相互比较之中学习中西方文化差异，更会加强学生对不同文化的理解，从而对学习英语有着事半功倍的效果。同时，还有利于更好地学习本民族的灿烂文化，增强民族文化自豪感。因此在教学中，可以采取比较的方法把 JEFC 教材涉及的内容分为两大类：一类是衣、食、住、行方面的，如购物、食品、交通、学校、工作场所等；另一类是日常交际方面的，包括问候、称呼、道别、致谢、问路等。

在此只要把美国人和中国人致谢的用语比较一下，就知道其差异了。在讲授 JEFC 第一册第 2 课时，有一句“Thank you”的致谢词，我们可以讲：在美国，Thank you 的使用场合和次数非常多，比如顾客买东西，店员递过来，顾客说

“Thank you”，顾客给钱，店员说“Thank you”，如找零钱，顾客仍加一句“Thank you”；上课学生回答完问题，教师说声“Thank you”；演讲者演讲结束时，也少不了一声“Thank you”；在家中，孩子递给父母一杯茶、一份报，父母也习惯地说声“Thank you”。一天到晚，“Thank you”之声不绝于耳，真可谓道不尽的“Thank you”。在我们看来，美国人的某些“Thank you”没有必要，而在美国人看来却是必不可少的。通过这一比较，不仅使我们看到中西文化在这方面的差异，而且更重要的是可以启发我们从小培养学生有礼貌的良好习惯，学会尊重别人、理解别人，增强学生的感恩心和包容心。

2. 在讲授英语词汇时，尽量丰富其西方文化背景意义

同汉字一样，英语词汇在长期的使用中也积累了丰富的文化意义。在教学中，我们要注意对英语词汇文化意义的介绍，避免为了用而教。JEFC 教材中有许多西方文化的词汇可以扩展，如 hamburger，tomato，thirteen，Friday 等，这些词汇都有着丰富的文化背景。因此，我们在讲授这些词汇时可根据需要适当扩展其文化背景。以“thirteen”为例，从语意上看它与汉字“十三”意义对等，然而在英国“13”这个数的意义与我国的“13”却大为不同。在我国它只是一个普通的数字，而在英国“13”这个数字被认为是不吉利的。各种重要的活动日不安排在“13”日，约定的时间不定在“13”点，请客时避免 13 人等。追其根源，主要来自基督教，耶稣受难日被钉在十字架的前夜，和 13 个门徒共进最后的晚餐，门徒中出了一个叛徒犹大。因此，基督教和信基督教的民族都认为“13”这个数字不吉利。通过这样的介绍，不仅使学生对“13”这个数字有了进一步的认识，而且更加深了学生对中西文化差异印象，丰富了学生的英语文化知识，同时培养了学生学习英语的兴趣和求知欲。

3. 将课文涉及的西方文化知识适当进行扩展

目前，我国初中英语教学主要以课文教学为主，并且我们还没有开设有关英语文化背景知识方面的专门课程，所以，我们只能顺其自然。按照 JEFC 教材的课文内容，根据其涉及的文化背景适当扩展，帮学生从中获取一些英语国家的文化背景知识和信息，以提高学生的语言交际能力，避免因对英语文化知识的缺乏而造成的交际失误。例如，在讲授 JEFC 第一册第 94 课时，我们可以将英美人的姓名和中国人的姓名加以比较，从中找出差异。我们可以讲英美人姓名是名在前，姓在后，这与中国人的姓名顺序相反。本课中的外国男孩由于不了解中西姓名差异所以才闹出了误会。另外，我们还可以简单地介绍一下英美的姓氏来源。例如，有的姓氏来源于某一职业，如 Baker(面包)；有的起源于其

住所，如 Hill(山)；还有的起源于其喜爱的动物，如 Wolf(狼)等。通过这些简单的介绍，学生不仅对中西姓名文化背景的差异有所了解，而且还减少了在日常交际中的失误。

4. 借助直观教学手段，为课堂教学融入西方文化知识营造氛围

实物教学是英语教学中常采用的一种教学手段，因此在教授有关英语国家文化方面的课文时，我们应尽量多收集一些有关方面的图片和物品，让学生在一种虚拟的环境中获得较为直观的文化知识，从而进一步了解外国艺术、雕刻、建筑风格和风土人情等。同样，在教授有关西方国家文化方面的课文时，我们还可以创造一种氛围。例如，在教授第二册第 38 课时，我们可以首先向学生介绍有关西方音乐方面的知识，然后播放英文摇滚乐曲，请几名学生模拟演唱，这样一来，会让学生在一种身临其境的感受中体会西方摇滚乐的魅力，更会加深他们对中西音乐文化方面差异的理解。我们也可以定时开一些英语 Party 让学生用英语交谈，体会一下西方人聚会、宴请以及用餐时的氛围。这些做法无疑会给学生提供更多了解西方文化的机会，更会激发他们学习英语的浓厚兴趣。

总之，初中英语教学中的文化教学是我们日常教学中必不可少的组成部分，希望我们全体英语教学工作者能够认真研究，找出更多、更好的课堂西方文化习得方法，以培养出更多适应时代要求的高能力外语人才，为我国的经济建设服务。

英语日记，大有裨益

作为一名初中英语教师，我发现学生进入初中阶段后，由于身体发育和青春期心理变化等原因，有了很强的“成人感”和独立意识，也不再喜欢听大人的教诲，不愿意接受大人的约束。他们有了自己的体验，有了自己的主见，有了自己的“尊严”，遇事不愿跟大人说，更不愿回答大人的询问。

然而一个人的经历、感情、想法、观点总要有地方述说啊，日记就有了它的用武之地了。日记本可以成为我们不会讲话的朋友，我们可以信赖它，它能默默地容纳我们的喜怒愁思，我们也可以依恋它，它不会对我们指手画脚、说三道四，我们可以把它当成朋友，知心地话家常，我们还可以把它当成另一个自己，与之进行交流。鉴于写日记好处良多，于是我对学生说，写英语日记吧，它可以锻炼我们的英语写作能力。

因为我个性很活泼，跟学生关系很融洽，所以几乎所有学生每个星期都主动把他们的日记交给我。每次我都仔细阅读，聆听学生的心声，更正他们的字词错误，并适时提出建议。我让我的学生们写英语日记已经两年多了，在这两年多中我发现学生和我都获益多多。

一、英语日记是辅助教学的好帮手

1. 写英语日记可以提高学生学习英语的兴趣

我刚开始让学生写英语日记时，他们既兴奋又担心。“兴奋”的是他们觉得新鲜，以前除考试时写书面表达之外他们从来没有尝试过用英语来描述自己的心情故事，这次终于有机会用这种新的方式来释放自我了；“担心”的是自己写不好，因为以前写的英语文字多是限定题目或内容的，这次却是用英语来表达自己的感受。看着同学们复杂的表情，我对他们说，英语基础不太好的同学可以先从一个句子开始，以后每日增加一句，但是一定要写自己的真实感受，时间久了必然能写得好的。由此正式开始了学生们的英语日记之旅。

有一个学生在第一篇日记里是这样写的：

（学生原文）Today is my first day to write my diary. I'm very happy. Winter is coming. The weather is colder and colder. I wish this year we can see a snow day, because I have not seen a snow for a long time. I hope my wish will come true—and I promise I will write diaries every day, I believe myself. (Class 10, Zhang He)

还有一个学生在日记里这样写道：

（原文）I didn't sleep well last night. Felling a little tired this morning. I want to sleep. I want to write this first because I love English now. (Class 9, Zheng Yi)

绝大部分学生在日记里都说很喜欢这种写英语日记方式，同时表达了要坚持学习并努力提高英语的决心，在课堂上和课后对英语表现出了更大的兴趣。

2. 写英语日记可以促进学生的英语学习，提高学生英语水平

用英语写日记与用中文写作文一样，要注意用贴切的词来表达自己的意思，那么学生在阅读时就会留意文章中的用词。学生在写日记时要注意句式的变化，那么他们在阅读时就会注意文章中的句子是怎样进行句式变化的。同时，在用英语写日记或作文的过程中，一定会碰到不少自己不会的词语和用英语描述时的表达方式，通过查英英词典，学生又从中学会了很多英语词句。就如同学汉字一样，你查这个字和词时，又从字典中看到或学到了其他的字和词。我要求我的学生在英语学习中借助英英词典来查找，而尽量少用英汉词典，这样可以省去学习中从汉语到英语的翻译和思维过程，强化直接用英语思维的习惯，对提高英语水平有很大的帮助。

一个在初二时英语基础较差的学生在写英语日记一段时间后便能很自由流畅地表达自己的思想。她写了很多佳作，其中有一篇是这样写的：

（学生原文）I like playing chess very much. This evening I asked my father to play chess with me in the sitting room. When we got ready, I started the game. At first, I played quite smoothly and I was in the upper hand. I played quickly but dad watched, thought and thought, then he took one step—I thought I would win very soon, so I played carelessly and asked dad to be quick. Dad still thought for a while before he moved a piece—Suddenly, I found I had made several mistakes and nearly lost the game. No sooner dad won the game. How I regretted my carelessness. Such was "One careless move and the whole game is lost." (Class 10, Zhang Hong)

现在英语学习对学生的写作能力要求越来越高，写英语日记无疑会对提高学生的写作能力打下了良好的基础。

3. 写英语日记可以增长学生的见识

近代教育家杨杏佛说过："日记虽小课，然作时多在清夜，追省一日所为，无异衡其功过，防患未然，悬崖勒马。若日日无间断，虽无意自省，已尽自省之功矣。"①尽了自省之责，也便促人不断进步，起到启迪智慧的作用。学生一般在晚上书写日记，记录当天所发生的事情和自己的看法。因为养成了写日记的习惯，他们便会特别留意生活中的事情，像电视新闻，自己所做的习题，以及所读的课外书籍等。这样在找到写作题材的同时又扩大了自己的视野，增长了各方面的见识。

每个学生因个人的喜好不同所关注的东西也不一样，所以日记内容也就丰富多彩了。

有个男生在观看篮球比赛后这样写道：

（学生原文）Today I felt a little sad because I watched TV and read newspaper about Yao Ming and his team. Yao Ming played a little worse than usual during last month. But their team's nucleus, McGrady played much better than Yao Ming—So, their team, Huston Rocket, played as usual—Their team was Number 8 in the Western of NBA. I wish Yao Ming and his team will played better and better. (Class9, Yu Qian)

由日记可见，无疑写英语日记有助于学生更深刻地思考问题，有助于增长学生的见识。

4. 教师从英语日记中可以及时掌握学生英语学习的动态

学生在英语日记中经常会犯一些错误，像拼写、时态、语法等。如果每个人都犯同一类型的错误，那么证明学生没有学好这个语法知识点，老师很有必要在班上一起温习一遍。

下面这则日记很有代表性：

（学生原文）Today, I went for school on morning. The weather is bad. I thought rain is come (coming). We felt very cold. At my classroom, a lot of classmates were gave me snacks. I thanked them very much. On afternoon, most of classmates went for dance. The bedroom was very quietly. My friend and I were lying the bed. We were reading books—For a while, I feel tired ,so

① 中华人民共和国名誉主席宋庆龄陵园管理处编：《啼痕 杨杏佛遗迹录》，上海辞书出版社 2008 年版，第 147 页。

I sleeping.

很显然，这篇日记反映了该学生对介词掌握得不好，滥用 be 动词，而且对什么词性作什么句子成分弄不清楚。因为通过阅读学生们的日记，我发现有一部分学生有这个毛病，所以专门上了一节课讲介词的使用和句子的基本成分。后来学生在这方面犯的错就少了。

5. 从英语日记中可以及时发现当时英语教学中存在的问题

上面第 4 条同时也反映了我们英语教学上的问题，对一些学生没有掌握好的知识点我们要及时地复习，以免给今后的教学带来不便。

二、英语日记是英语老师与学生之间特有的情感交流平台

著名的教育学家魏书生先生曾经说过：情感在人的学习活动有着十分重要的作用，它是心理之"车"的发动机和能源，离开了人的情感，学习者心理之"车"就不能驰骋。中小学生应该培养积极乐观的情感，如良好的心境、饱满的热情、忘我的痴情等，这些能够驱使人积极地行动，提高工作和学习的效率。英语日记为英语教师提供了另一个与学生情感交流的平台。

1. 英语日记会真实地反映学生的思想

记得开学不久后，我看到这样一篇日记：

（学生原文）Today is the second day for my holiday. I (am) not happy today. I don't know why—I feel a little sad. I want to know why—I also ask me (myself). "Who can help me?" My parents don't like me. What's wrong with me? Why don't you like me? I did a lot of homework, but my brother played computer a day—Why? My parents only love him. (Class 9, Qu Chang)

在看完这篇文章后，我找了一个合适的机会跟她谈心，帮她消除了思想顾虑。

2. 英语日记有助于挖掘学生更多的潜力

班上有一个女生很害羞，平日讲话都是小心翼翼的，从来不敢正视别人。有一次我在读她的日记时看了这样一段：

（学生原文）There's not much going on today. Let me talk about my dream—I want to be a singer. I love music. But nobody understands me. some of them laugh at me, I want to let them know I'm a good singer. But I am shy.

看完这篇日记，我百感交集，真想给这个学生一个展示自我的机会。当时正好快到圣诞节了，学校正在组织会演节目，所以我找到她，鼓励她去唱歌，先让她在班上演唱，帮她迈出了艰难的第一步。后来她在晚会上表现很好，以后她再也不胆小怕事了，比以前自信多了。

三、英语日记是英语老师进行德育教育的帮手

魏书生将记日记喻为道德长跑，他说："为什么叫道德长跑呢？我看到，春夏秋冬、年复一年地坚持长跑的人，都变得身体健康、强壮有力。……能不能有那么一种锻炼方式，倘长年坚持不懈，就能使人心灵健康、开阔呢？我觉得写日记就有这种作用。"①坚持写英语日记同样可以成为我们德育的帮手。

1. 可以利用英语日记对学生进行爱国主义教育

有一次我知道了学生在政治课上谈到了我国台湾问题，所以我建议学生可以在日记里发表自己的见解。当天很多学生就在日记中写了他们心目中的台湾，并表达了良好的愿望。其中有一篇是这样写的：

（学生原文）In my mind, Taiwan is a part of China. Taiwan's newspaper said Taiwan was not a part of China—What a big joke! I hope some leaders can change their mind and come back home earlier.

很多学生抒发了他们坚持台湾地区是中国领土不可分割的一部分，并希望台湾问题早日解决的观点。

2. 可以利用英语日记树立学生正确的是非观

学生在描述当天发生事情的时候会很自然地发表自己的观点。通过阅读学生的日记，我们可以发现学生的是非观，更可以及时帮助学生树立正确的世界观。

3. 可以利用英语日记发现并解决学生日常生活中的纠纷

学生如果有不开心的事，一般他们都会在日记中有所体现。有时候描写别人的事情，有时候描写自己的事情，像与同学闹矛盾，与老师或家长有误会等，他们都会很自然地写在日记里面。那么我们老师就可以及时了解学生的情绪，及时帮他们解决问题，让学生有一个快乐的在校学习环境。

四、英语日记丰富了我们的教学生活

1. 读学生英语日记可以让我们更好地投学生所好

学生在日记里会表达他们的一些愿望，例如想上一次英语室外课，想欣赏最新的科幻英语片，想上课多玩一些游戏来缓和紧张的气氛等。那么老师在了解了学生的心情后可以适时地投其所好，这样会更好地激发他们学

---

① 魏书生：《班主任工作漫谈》，漓江出版社 2014 年版，第 103 页。

习英语的兴趣。他们会觉得这样的老师非常贴心，从而更好地“亲其师，信其道”。

2. 读学生的英语日记可以缓解我们的工作压力

有的学生在日记中会描写一些有趣的事，有的学生的日记里充满了童趣，还有的在无感而发时会摘抄一些英语笑话，那些有趣的语句能给老师带来轻松一刻，缓解了我们的工作压力。如有个女孩在日记中这样写道：

(学生原文)“U lala，la la la”，my homework was all finished. I'm happy. I was like a bird flying in the sky. I am light—I could smell the nature's taste. I love everyone and everything.

读完这篇日记我不禁莞尔，眼前浮现出她那天真调皮的样儿，整个人都觉得放松了。

语言是一门综合技能，英语的听、说、读、写四项基本技能是浑然一体的，也是相互联系、不可分割的。我们在要求学生听说读的同时千万不能疏忽了对写作能力的培养。初学写日记者，也许会认为是一种负担。但是随着时间的推移，学生的写作水平会取得巨大的进步。另外，让学生用英语写日记，不但可以记录下学生自己的成长历程、所想所感，而且可以培养学生认真观察事物的能力，提高学生学英语的兴趣，促进其他英语能力的提高。我和我的学生都已经尝到了写英语日记的甜头，他们在考试中面对书面表达不会再有任何慌张，能充分地发挥他们的英语水平。

我希望能和更多的老师一起探讨，更好地发掘英语日记的好处，让它更好地为我们的英语教学服务！

构建“学”的课堂

一、基于核心素养,我们的思考

核心素养无疑是当下教育领域最受关注的话题和热点。核心素养以培养“全面发展的人”为核心,成为一把衡量教育行为的“新标尺”,引发一场场教育变革,渗透到学校课程开发、课堂教学、开展活动、教育评价等各个环节中,改变着教与学的方式。在这样的背景下,教师该如何开展基于素养的教学,留给学生终身受用的东西?

让学生具有现代和未来发展所需要的“学习力”当数之首。培养学生学习的动力、学习的毅力、学习的能力的渠道有很多,但最根本的渠道是课堂。课堂是学生学习的主阵地,是学生成长发展的主阵地。

“课改”必须“改课”。薛城奚仲中学传承奚仲文化,弘扬创新精神,秉持“让创新为师生成长导航”的教育理念,先后进行自学辅导法(卢仲衡)、目标教学法(布卢姆)、东庐中学讲学稿等教学实验。薛城奚仲中学认真梳理了成功的做法,吸收新课程理念及各地名校课改的成功经验,总结出“三先三后”和谐教学模式。以“一校一模、一科多模、一模多法”三级建模活动为抓手,稳步推进课堂教学改革,构建凸显以学生为主体、以学会学习为主线的课堂。

“三先三后”和谐教学模式:

基本含义:先自学后合作,先汇报后点拨,先巩固后拓展。

基本原则:先学后教,以学定教,当堂达标。

基本流程:导入明标,指导自学,互查互助,汇报点拨,巩固拓展,检测小结。

课堂评价:一堂好课要扎实、充实、丰实、平实、真实。“三先三后”课堂教学评价就要评“效果”,效果好就是好课。效果好的标志是学生紧张地学习,评课要根据学习效果作出分析。

在基本教学模式基础上,形成了阅读课、写作课、新授课、复习课、讲评课等不同学科不同课型近30个学科模式,构建了更为具体的教学模式。

二、课改在路上，我们的实践

1."三级建模"践行课改

"走出去，请进来"构建校级模式。自2009年来，校长率老师们"南征北战、东借西鉴"，先后赴东庐中学、永威学校等数十所课改名校学习取经，与东庐中学、天津普育学校结为友好学校，加入中国陶行知研究会教学法(讲学稿)研究中心，参加同课异构、交流研讨活动。学校邀请陈康金前来传道，邀请东庐中学17位骨干教师来校示范、研讨、联合教研，5次邀请王敏勤教授讲座、听课、评课。数十次专题研讨会、数百节听课、数百次集体教研，改革的路径渐渐清晰。在市区教研室和王敏勤教授的大力支持下，"三先三后"和谐教学模式终于落地生根！

"立标、学标、达标"攻坚学科建模。自2013年起，学校提出"把握教材和驾驭课堂两项基本功研究，全体教师100%创建高效课堂，10%的教师打造精品课"的"211"工程。围绕"把握教材和驾驭课堂"两项基本功，开展"画知识树、研课标、说教材"活动，促进教师把握课标、教材、考纲。开展"教研—备课—上课—说课—评课"课例研究，扎实、有序开展磨课、赛课，集体教研活动，从课堂教学源头上提升教师专业素养。

立标示范。学校召开课堂建模动员大会，会上解读"三先三后"教学模式。根据赛课成绩筛选出28位骨干教师作为立标人，学校统一组织举行课堂建模示范展示活动。

学标练标。一是各学科组由建模立标人向同科教师解读模式，力求每位教师了解模式，年级组织教师考模式。二是各学科组组织磨课活动，立标人示范指导，同科教师学模式、练模式、研模式，年级举行教师大讲堂活动，课堂论剑，让每位教师理解、掌握、运用模式。三是学校再次举行杰出教师立标示范，引导教师规范学科模式。四是拉开全员赛课大幕，人员练模式，形成一个学习运用模式的大环境。

达标过关。学校成立达标课验收小组，明确达标验收评比标准，教师自己提出达标验收申请，统一安排课时，有序开展课堂建模达标课活动。达标验收活动已进行两批，有近50%的教师通过了验收。达标不成功的教师再练标、再提请复验，直到能够熟练使用本学科模式为止。

内化提升个性，升华个人建模。学校开设"奚仲大讲堂"，重点培养10%建模突出教师打造精品课。奚仲大讲堂的开讲一方面深化了"三先三后"教学改革，树立起课改的正向标；另一方面为课改优秀教师搭建个人升华的平台，促进他们在内化学校基本模式和学科模式的基础上，根据所教学生特点和教学内容，凸显自己的教学设计和教学风格，打造精品课。现已举办10期，有20余位教师把“三先三后”基本模式与个人风采融合得相得益彰，个人魅力发挥得淋漓尽致，他们受益于模式，而又不拘泥于模式，已成长为学校独具风格的特色教师。

2. 课程整合落实核心素养

基础学科课程整合。一是学科内整合，教师根据课标的要求，把教学目标化为学科素养，灵活地、创造性地使用教材，尝试开展“主题式”学习活动。二是学科间整合，加强信息技术和各门学科的整合教学研究，探索跨学科协同教学、合作教学，培养“一专多能”型教师。

开发“一纵八横”课程体系。学校基于学生成长、发展（一纵）和育人目标（八横），整合地方课程，构建学校校本课程体系。

三、盘点实践过程的收获

促成教学管理套路创新。学校从早读、备课、上课、作业、小组合作、四清、质量监控各方面构筑起立体式教学常规管理体系，形成新常规“七条”。

形成备课组、学科组、学校三级教研体系。集体备课由各备课组负责，内容做到“五定”，除四大教研外，更注重每天一小时的小教研。教研组教研活动以赛课、专题研讨、优秀教研组特色展示为主。校级教研则以点课、奚仲大讲堂、质量监控、年级常规展示为主要形式，形成立体式、递进式教研形式，确保教研活动真实、平实、扎实。

形成“知、读、练、结”深度自学方法和师友互助深度合学方法。师友互助学习以师友二人组（同位）为基本组，实行同桌互助下的四人组或六人（或八人）组合作。按照“组间同质、组内异质”分组原则，“合理排座、定期轮换”排列座位，“独学—合作—展示—点拨—修正”为模块的活动模式，“组内互查、互督、互帮”的合作学习方法，“分档加分、捆绑评价”的小组经营形式，小组自治下的学习与卫生、生活、班会等相结合的全面育人模式。师友合作学习成了大班额下面向全体学生、提高教学质量、追求教育公平的有效策略。

教育教学成绩逐年提升。“三先三后”课改带动了教师教育教学观念、施教行为的转变。学习方式的变化更加让学生树立起坚定的学习信心、养成良好的学习习惯、提高了学习能力，优良的学风促进了教学质量的再突破。在八年级地理生物学业水平检测、九年级学业水平考试及区教研室教学质量跟踪监测中，连续四年位居前列，各类考核数据节节攀升。在山东省艺术大赛、围棋大赛上勇夺一等奖，连续四年在全国青少年科技创新大赛中获奖牌，82 项学生的创新作品申请了国家新型专利等，彰显出我们学生的综合素质和持续发展能力。

学校的影响力逐步提高。在全区教学评价、综合考评中连年均以第一的成绩评为优秀单位，连年被评为区、市素质教育先进单位，先后承办了山东省中小学科技创新教育研讨会、枣庄市中学深化“学、查、纠”活动、提高教学效能现场会、薛城区初中科学管理现场会等。在 2016 年国家义务教育质量监测中给予高度评价，山东省课程实施水平评估检查中，专家组评价：奚仲中学是一个有方向、有灵魂、有特色的学校。学校得到学生家长和社会各界的充分肯定和赞誉。

如何克服阅读障碍，提高英语阅读水平

阅读是对书面信息进行认知构建的心理语言过程。英语阅读效率就是英语阅读者阅读英语的理解率与阅读速度之和。影响英语阅读效率的因素很多，大体可分为语言因素和非语言因素。语言因素包括语言知识与技能，即读者对字母、单词、短语、习惯表达法、句子、语言规则与知识的识别与语篇知识的运用等。非语言因素包括阅读习惯与阅读心理、社会文化背景知识、阅读技能与阅读策略等。以下结合这两个方面的因素，谈下本人的几点做法。

一、语言因素

读者读一篇文章，必须弄清三层意义：词语意义、结构或语法意义以及社会文化意义。了解词语、结构或语法意义是深入理解原文的先决条件。倘若读者把 work hardly 理解作努力工作，将 unlike 理解成不喜欢，或不明白 besides，except，but 的区别，不懂得 however，what 与 more，even，if，so 等连词所提供的信息，或将 not all 误解为 none，那么他一定会不理解或误解文章意义。因此，好的读者必须具备相当水平的语言基本功，必须拥有扎扎实实的语言基础及灵活运用语言的技巧。

如在词汇方面，读者除了应具备一定量的词汇外，还应重点掌握一些词汇知识（包括一词多义、一词多类、同形与异义、异形同义、词根、词缀等）以及词组与习语、修辞知识（比喻、讽刺、典故等）。

在结构或语法方面，读者既应具备系统的语法知识，更应加强语法规则的应用能力，特别是一些容易引起误解的地方；另外，读者还须具备语篇意识，注意语篇的完整性。在特定的上下文和语境中，独立的语言单位表达一种相对完整的意思。读者要扫除阅读理解中的语言困难，就必须在教师的精心指导下，科学地、勤奋地、持之以恒地学习，积累、掌握运用英语语言知识及其技巧。

二、非语言因素

语言因素对阅读效率的影响已经显而易见了，下面重点讨论非语言因素与提高阅读效率的关系。

1. 养成良好的阅读习惯

有效的阅读与良好的阅读习惯是分不开的。好的读者在阅读时脑力活动是非常紧张的,除手指翻动书页以外,身体其他部位几乎没有太大的动作和声音。而阅读能力弱的人或多或少地存在一些不良习惯,这些习惯必须予以纠正。

(1) 慢读(slow reading)

读者误以为读得越慢,理解程度越高。然而,心理学与心理语言学研究表明,阅读速度与理解率几乎没有关系。早有实验表明,阅读速度快的读者把握文章主旨大意甚至优于阅读速度慢的读者,只是在细节方面比后者差一些。要纠正慢读这种不良习惯,只有改变这种以为越慢越好的错误观念,并迫使自己经常进行限时阅读训练才行。

(2) 指字(pointing)

读者为了集中注意力而用手拿笔、尺子等指着字行,并随着眼球转动而移动手指或其他指字物体。实验证明,这种方法反而会降低阅读速度,而且往往使读者把注意力集中到书页的字行上,而非文章的思想内容上。纠正这种毛病的方法并不难。只要读者在平时的阅读中,不断提醒、克制甚至强迫自己将习惯于指字的手或其他物体离开读物,经过一段时间的训练即可克服。

(3) 声读(reading loudly)

养成这种不良习惯的主要原因是读者缺乏默读训练或对文章中的文字不熟悉。实验证明,声读比默读慢得多(经过训练,一般人默读速度是他朗读或讲话速度的两倍),而且不利于理解文章内容。要克服声读,一开始可采取阅读时紧闭双唇,用牙齿咬住舌头或口里含东西等办法。然后,多做快速阅读训练。

(4) 心读(reciting)

造成心读的主要原因和书面语言的性质有关。因为文字既代表意义又代表声音,读者依赖言语而非语义,因而影响阅读理解的广度和深度,对阅读效率的提高是十分不利的。克服心读唯一有效的办法就是有意识地将阅读速度加快到超过最快的讲话速度,因为在这样的快速阅读中,读者已经没有时间去念出每个单词的声音了。

(5) 心译(mental translating)

心译就是读者在阅读英文时,先将英文译成母语,然后再经过母语去理解所读内容。它是读者在掌握母语后再去学习外语时常犯的一个毛病。只有当读者认识到它的害处,认识到阅读英文时用英文思考不仅必要而且可能,并在平时阅读中自觉去克服才会奏效。

(6) 过分复视(too many regressions)

复视是对已经阅读过的内容感到不放心或没看懂,再度倒回去读的现象。每个读者都需要复视,但复视次数太多则会影响读速。要减少复视,首先要明白对某篇文章的理解是相对的,并建立起能读懂的自信心,然后在阅读中坚持强迫自己的目光始终从左向右移动。

(7) 逐词阅读(reading word by word)

逐词阅读既慢又对理解文章意义无益。为克服这一习惯,可以进行按意群阅读训练:读者先将一段文章划分意群,然后按意群默读。例如:I learned/those men and women/well. 这是除本人外其他人觉察不出来的有声阅读形式。

(8) 滥用词典(too dependent on dictionaries)

滥用词典指的是在阅读过程中不适当地、极其频繁地使用词典(而且多为英汉词典,这为心译提供了方便),其读速之慢是可想而知的。而且因为不断查词典,一篇文章弄得支离破碎,极不利于理解其中的信息内容,阅读效率当然极低。克服这个极普遍的坏习惯最为有效的途径是学会猜词,掌握猜词技巧。猜词常采用上下文分析法(推理、经历、因果、实例、同义、反义、定义与解释等七法)和词素分析法(词根、前缀、后缀等)。

2. 培养良好的阅读心理素质

具备良好的心理素质是提高阅读效率的必备条件。如果阅读时读者信心十足,心情平和,主动积极地与作者沟通,能动地、创造性地去理解文章意义,不带任何心理负担地读,理解率就高,就能最大限度地发挥读者的现有水平。在阅读过程中,一不要急躁,二不要自责和抱怨。读者应清楚地意识到提高英语阅读效率需要一个过程。另外,有研究发现,读者的情感因素,诸如兴趣,在英语阅读中起着决定性的作用。引人入胜的文章不仅能提高阅读兴趣,而且可激发"深层理解"的过程。因此,读者选材可先选自己感兴趣的内容与材料,如幽默笑话,名人故事,风俗人情方面的文章。

3. 多了解英语国家的文化背景知识

语言学家、心理学家近三十年的研究,对文化背景知识在阅读过程中的作用已取得共识。特定的文化背景产生了各具特色的语言。语言,在一定意义上说,是某个民族文化、风俗习惯的一面镜子,是思想、文化的具体表达方式。不了解英语国家的文化,没有掌握一些词语的联想意义、社会意义及语用规则,就不能真正读懂英语文章，甚至会出现在认识每一个单词和句子的情况下，还不明白其内涵或造成误解的现象。例如有一句话："He is a black sheep." 这句话是说"他是个败家子"，而从字面上理解就成了"他是一只黑色的绵羊"了。另外还有 black tea(红茶)，以及 13 在西方社会是个不吉利的数字，人们见面经常谈论天气，而不像我们见面常关注吃了吗，在哪里工作啦，甚至你又发福了等个人隐私方面的问题。

综上所述，影响英语阅读效率的因素是多方面的。读者只有认识到这些因素并采取相应的对策不断地实践，才有希望大幅度地提高阅读效率。

一名英语教师眼中的普通话与方言

作为一名英语教师，课堂教学基本是用英语来组织，但是在英语教学起始阶段，为了减少学生的心理压力，也会说一些汉语。即使是在高年级阶段，在一些语法讲解环节或作文点评、英美文化介绍等方面也会使用汉语，这是无可厚非的。有意思的是，笔者曾参加过很多地区的听课交流活动，北到哈尔滨，东到青岛，南到昆明，西到西安，有些教师在英语课堂上偶尔使用汉语组织教学时总会不自觉地夹杂着当地方言，听来别有一番味道。

茶余饭后，笔者也对部分地区的方言进行了了解，感受到了中华语言文化的博大精深。同时，对我国的方言保护与普通话推广有了自己的看法，写下来与大家分享。

侯宝林先生有段著名的相声叫《戏剧与方言》，说的是各地方言的不同，简洁而生动地表现出了不同方言地区人们不同的精神面貌、性格特点及文化特征。

语言是人类区别于其他动物的主要特征，语言是人类智慧的结晶。有了语言，人类才可以相互交流，才可以进入有组织的社会生活，语言的诞生意味着人类文化的诞生。语言是文化的载体，只有通过语言的传播，文化才能穿越时间和时空，得到交流、发展和长期存在。语言的发展对人的思维和各种社会生活、文学艺术产生重要影响。

民族通常是指人们在历史上形成的一个有共同语言、共同地域、共同经济生活以及共同心理素质的共同体。不同民族有不同语言，不同语言代表的是不同的语言习俗，不同的语言习俗反映出不同的思想观念。语言所造成的文化差异直接渗透到人们的生活之中，成为社会文化的一部分。在构成民族的诸特征中，语言是最重要的。这是因为语言的变化比较缓慢，当民族的其他特征发生变化时，语言往往还是统一的；而且，语言能较全面而深刻地反映民族特点，积淀民族历史和文化，对民族成员之间的交流和民族传统的传承，对民族的认同感和凝聚力的形成都有着极其重要的作用。

在我国各民族中，汉族人口占绝大多数，分布最广，社会、经济、文化教育的水平相对较高，因此以汉族为主体的多民族关系始终制约着各民族语言关系，汉语也成为跨民族、跨地区的国家级通用语。汉语分布遍及全国各地，有许多地域变体——方言。语言自产生之初起，它的语音、语汇、语法、语义各组成部分就处在不断的发展演变之中，这些发展演变总是开始于某一人群，然后借助人们之间的语言交际向四方扩散。随着社会的发展、人口的增加、人类活动领域的不断扩大，原本统一的社会就会逐渐发生不完全分化，在地域上形成几个相对独立的部分。在这种情况下，不同地区人们之间的语言交流频率很低，甚至难以发生，一个地区内的语言发展演变各自独立进行，也就难以借助语言交际的力量扩散到其他地区，各地区使用原本相同的语言，共同点就会不断减少，不同点就会不断增多，时间一长，不同地区的语言就会各自形成一系列特点，不同的方言也就形成了。这种同一种语言由于语音、语汇和语法等方面的差异而在不同地区形成的地域分支或变体就叫作“地域方言”。人们通常所说的“方言”一般指的就是这种地域方言。比如，北京话、广州话、上海话、长沙话等就都是现代汉语的方言。根据方言的特点，联系方言形成和发展的历史，以及目前方言调查的结果，可以从现代汉语中划分出七大方言：北方话、吴语、赣语、客家语、湘语、闽语、粤语。如果在一个方言区内，不同地区的人所说的话仍有差异，也就是说在一个方言的内部存在地域方言性质的分歧，那么在这个方言的下面就可以再分出各种“次方言”，次方言的下面还可以再分出各种土语。比如，汉语的北方方言分布的地域很广，约占全国汉语地区的四分之三，因此在北方方言的内部又可以分出华北方言、西北方言、西南方言和江淮方言等四个次方言，华北方言内部又可以分出河北话、东北话、山东话、胶东话、河南话、淮北话等六个土语群。

如果不同的社会或同一社会的各个处于分化状态的部分走向统一，他们之间的交际势必逐渐增多，但不同语言或方言之间的差异会妨碍甚至阻断人们之间的交际，进而影响社会的统一或统一的巩固，影响社会的发展。在这种情形下，人们就需要有一种能在全社会范围内使用的交际工具，以适应社会统一的需要，于是，通行于全社会的共同语就会形成。随着社会的不断进步、经济的日益发展、社会统一程度的不断提高，全社会的语言就在共同语的基础上，逐步走向统一。在汉语传播的过程中，存在方言的同时，也一直存在着共同语，汉语共同语一直是以北方方言为基础的。共同语的书面语一直以先秦作品为典范，所以自秦代以来就一直是统一的，共同语的口语则随着各个朝代政治文化中心的变迁而发生变化。春秋时代，共同语被称为“雅言”，汉代称为“通语”，元代称为

“天下通语”，明清称为“官话”，辛亥革命以后称为“国语”。中华人民共和国成立之后，党和政府为适应国家各方面统一的要求，采取了一系列措施，大力推广现代汉民族的共同语——普通话，并将“国家推广全国通用的普通话”作为一项基本国策写进《中华人民共和国宪法》，从而推动汉语向统一的方向发展。普通话以北京语音为标准音，以北方方言为基础方言，以典范的现代白话文著作为语法规范。它现在不仅是汉民族的共同语，也是中华民族的通用语，为加强各民族交流，促进中华民族的统一作出重要贡献。普通话的形成和推广体现了随着社会统一程度的不断提高，汉语也会随之逐步消除方言差异而走向统一的历史发展趋向。普通话的影响正不断扩大，这有助于缩小汉语的方言差别。

目前普通话推广工作取得重大成效，在我们为这项工作取得实效感到欣喜的同时，我们也应当清醒地认识到，尽管推广普通话已深入人心，却依然存在着一些不正确的认识，这些错误的认识在很大程度上阻碍和制约着推普工作继续深入。认清这些错误观点的产生并想办法解决它对今后工作的顺利发展至关重要。

一、现阶段推广普通话工作中对方言的几种错误认识

1. 将普通话和方言对立起来，认为推广普通话就是要消灭方言，因而产生抗拒和排斥心理

一些人认为汉语方言是中国文化的一种独特现象，记载和传承了中国语言几千年的变化发展轨迹，是奇迹，是瑰宝。而我国的共同语——普通话的产生和欧洲各国不同，不是语言自然发展进化的结果，而是由政府制定并加以推广的“人工语言”，由政府提倡和参与在全国范围内强制推行，并且用法规的形式加以约束，所以推广普通话就是一种政府强制行为，就是要人为地缩小方言的使用范围，最后取而代之。有些从事语言研究的学者担心推广普通话会让方言里的古音古词湮没绝种而使很多没研究清楚的古汉语现象无迹可考；有些人担心现在的青少年已经不会说方言，方言将在下一代、下下一代逐渐消失，推广普通话会让中国这种独特而丰富的语言资源枯竭……各种各样的“拯救方言”之声不绝于耳。

2. 对不同方言的不客观评价产生的语言偏见和“优势方言心理”

一些人由于不了解方言，加之各地区间政治、经济、文化等发展不平衡的种种原因，产生了某种方言比其他方言“更优秀”、“更动听”等不客观的认识，并由此引发“优势方言心理”，比如“上海优势心理”、“广东优势心理”、“北京优势心理”，其中比较典型的是上海语言偏见。

3. 认为汉语规范化就是排斥方言，视方言特别是新兴的社会流行语为“语言污染”

地域方言的封闭性、区域性、保守性使它成为推广普通话最大的障碍，不少人视之为语言规范化的大敌。“普通话的语音是以北京语音为标准音的，凡是不符合这个标准的，都是不规范的。”面对社会发展而带来的语言变化被认为破坏了“语言的纯净”，将流行语视为“语言污染”。

4. 价值观存在问题

一些人认为说普通话是时尚，有品位，说方言是没文化、“土”甚至是没面子。目前这种情况在相当一部分人中存在，尤其是在新生代中，父母多为孩子营造说普通话的环境。

二、坚持推广普通话不动摇

1. 语言的分化和统一规律决定了普通话将是汉语方言发展的最终结果

社会的分化和统一产生了语言的分化和统一，语言的分化和统一是语言发展变化的必然规律，也是语言发展变化的方向，语言由分化走向统一是语言发展的趋势和最终结果。方言和共同语是语言分化和统一的不同产物。当社会发生分化，在地域上形成几个相对独立的部分。

2. 推广普通话是政治、经济、文化发展的需要

我国是一个多语种、多方言的人口大国，汉语方言种类繁多，不同民族和不同方言区的人们语言交际困难，这些方言土语大都有自己独立的语言体系，在语音、词汇、语法、语用等各个方面都与普通话和其他方言有很大差异，“十里不同音”是汉语方言最生动典型的概括。方言的差异性和封闭性严重阻碍了社会交往和经济发展，推广全民族共同使用的通用语势在必行。我国历史上历代政府都有一些推行统一语言文字的政策措施。据文献记载，清雍正时期规定，福建、广东等地要对不会官话的读书人进行训导，举人、生员等如果不会官话就不得送试。民国时期的“国语运动”为以后的汉语规范化研究打下良好的基础。中华人民共和国建立之初，中央就把推广全国通用的普通话列入政府工作日程。事实证明，推广普通话为维护祖国统一，增强民族凝聚力，促进社会经济、政治、文化进步发挥了重要作用，是构建可持续发展的和谐社会的重要基础工程。

3. 国家以法律的形式规定了推广普通话

中华人民共和国成立以后，推广普通话是我国的一项重要国策。国务院 1956 年《关于推广普通话的指示》发布；1982 年《中华人民共和国宪法》规定“国

家推广全国通用的普通话”，推广普通话的工作正式纳入法定位置；1986 年将 50 年代确立的“大力提倡，重点推行，逐步普及”的推普工作方针调整为“重点放在推行和普及方面”；1992 年国家语委又将新时期推普工作方针调整为“大力推行，积极普及，逐步提高”；1994 年《普通话水平等级标准》出台；2000 年颁布的《国家通用语言文字法》更确立了普通话作为国家通用语言的法定地位，规定了学校、国家机关、广播电视和出版物以及公共服务行业推广使用普通话的法律责任。同时也规定，在戏曲、影视等艺术形式中需要使用方言的可以使用方言。国家的《宪法》和《通用语言文字法》，以法律的形式规定了推广普通话，所以语言工作部门和任何个人，要坚决维护和贯彻执行国家宪法和法律。在推广普通话问题上，我们应该按照国家法律法规来做，不能有丝毫动摇。维护经过 60 多年努力，我国推广普通话工作取得了很大的成就，普通话在我国的各项事业中起到了前所未有的促进作用。

4. 信息化时代尤其需要语言进一步规范化

随着我国改革开放，走向世界，在今天这个信息化的时代，发布信息、学术讨论、学生投考、职业招聘、征婚求友、选书购物、通信往来、收发短信等，日常生活和工作越来越离不开网络；即使在农村，先进的农民已经运用网络寻找信息，联系并推销他们种养的蔬果和畜禽。

信息化的语言只能是全国通用的共同语，不能想象只通行于局部地区的方言能够满足全国一体化、面向世界的要求。据调查统计，我国目前的语言生活中，能够使用普通话进行交际的只占 53％的比例，这不适应我国各项事业迅速发展的要求，必须坚持推广规范语言丝毫不能动摇。

5. 推广普通话任重道远

据中国语言文字使用情况调查数据，截至 2015 年 9 月底我国有 53.06％的人口大约 7 亿人能使用普通话，这说明推广普通话取得了不起的成绩。但是，从当前信息化的社会发展趋势和全面建设小康社会的需求来看，这个数字无疑是远远不够的。目前在全国范围内，学校、机关、公共服务行业用方言进行教学、执行公务和接待顾客的现象仍很普遍。大片地区特别是小城镇、农村、偏远落后地区很多人还不会讲普通话。推广普通话任重道远，还需作出长期努力。

今后，推广普通话工作应继续坚定不移地贯彻《国家通用语言文字法》，以城市为中心并逐步向农村拓展、向边远地区延伸，加大西部地区的推普力度，以学校为基础，以党政机关为龙头，以广播电视等新闻媒体为榜样，以公共服务行业为窗口，带动全社会推广普及普通话。在具体实践中，应该注意：(1) 对于应该讲普通话的场合，必须严格规定讲普通话。该推行普通话的行业、场合，就要强制推行。比如，官员在公开场合必须讲普通话；公务员招聘，对普通话要有要求；教师教学必须讲普通话。(2) 普通话的推广应有理有力、必要适度，避免目光短浅、急功近利。例如，合理规定普通话的使用空间：在地方传媒、文娱演出等方面给方言以适当的生存发展空间。同时，要深入做好宣传工作，注意全面准确地宣传国家推广普通话的方针政策，避免引起群众不必要的误解。(3) 推广普通话不仅要重量，更要重质，要从严要求。普通话应更加积极地从方言中吸收营养成分，特别是口语表达形式：普通话的口语是不完善的，落后于书面语。切实研究普通话教学问题(普通话的教学内容、教学方法等)：普通话教学不应仅仅是教发音、读音节，那只是普通话的语音教学；还应包括教学普通话的语调、重音，以及普通话的口头表达方式，包括词汇、句式等；可以考虑在研究充分、条件成熟的情况下开设普通话口语课。

初中英语教师应该树立的课改新理念

通过课改实践，我们清楚地认识到，要搞好新课改，教师理念必须转变。我校参加过市级新课改培训和区级新课改培训的几位老师，结合学校通过校本培训对全校七年级英语教师进行定期培训，并适时召开新课改教学研讨会，为其他年级教师做示范课，起到了新课改的引路作用。由此，全体教师树立了以下课改新理念。

1. 新教学观念

通过学习和新课改的不断实施，我们逐渐认识到教学的本质是教与学的双边活动，教学是交流的过程，是探究的过程，是师生合作、互动的过程，通过教学达到师生共进、共识、共享，它不再是教师单向的讲解。课堂教学关注的应是学生健全人格的培养，强调的是学生正确的人生观和价值观的形成，要以学生形成积极进取乐观的人生态度为宗旨，以培养学生创新精神和实践能力为重点，不仅要使学生具有适应社会的能力，更要强调学生获得知识的主动性和创造性。

2. 新课程观念

通过学习和实践，我们已经认识到课程是体验和感受，课程是教师、学生、教材、环境的整合，教材不再是教学内容的全部，而是教学内容的代表与示范，教师要开发教材以外的教学内容。教材不是教学内容的唯一载体，课堂也不是学生获取知识的唯一场所，教师更不是学生获取知识的唯一指导者，教师要用教材教而不是教教材。

3. 新学生观念

通过实践新课改，我们领悟到课堂教学中，学生是学习的主体，每个学生都是有独立人格的，是发展的主体。教师要尊重学生，承认不同学生具有独特性，并为其创造成功的机会，教师要树立学生学习的主体意识，相信学生，热爱学生，相信每位学生都有发展的潜力，都有进步的愿望，都可以获得成功。

4. 新教师观念

通过新课改的探索，全体教师认识到教师是教学的组织者、指导者，是学生学习的参与者，是学生创新精神的培养者，而不再是高高在上的“权威者”。

5. 新评价观念

通过新课改，我们逐渐认识到评价的目的不是对学生进行选拔甄别，而是为了促进学生在原有水平上的发展与提高。我们在学生的评价方面做了大量的尝试：检测试卷做到两杜绝、五体现，即杜绝偏题、怪题，杜绝内容简单、罗列；试题形式体现多样化、试题内容体现生活化，试题难易度体现层次化，试题答案体现多元化，试题结构体现综合化。

初中英语教学中口诀教学的运用

最近几年来，常见一些教辅类的英语报刊以及某些学生辅导用书推出一些英语口诀，内容涉及句型运用、单词记忆、语法学习、课文背诵、学法指导，甚至是练习测试，并且多冠以“奇思妙想”、“巧学妙记”、“教你绝招”、“制胜秘诀”等美名。很多学生受其影响，拿着口诀大背特背，乐此不疲；甚至有些老师也把这些口诀推荐给学生，让学生死记硬背。那么，口诀教学真的那么神奇、那么无处不在吗？口诀教学真的能替代反复而费时的机械操练吗？本人想就此谈一谈自己的一孔之见，愿同各位同人及专家商榷。

一、正确看待口诀教学

我们在日常教学中，组织引导学生合作讨论，找到破解知识点的妙招，既能锻炼学生的思维能力，又能将知识点化难为易，且易于调动学生积极参与的热情，活跃课堂气氛，激发学生的求知欲。因此，口诀教学就应运而生。诚然，运用英语口诀帮助记忆语言内容，增加学习英语的趣味性，降低了学习的难度，使得知识浅显易懂、趣味横生。较好的口诀的确达到了上述目的，具有较强的生命力，且一代代流传，经久不衰。像 be 动词的初级用法口诀：“我”用 am，“你”用 are，is 跟着“他她它”。基数词变为序数词的规律口诀：一二三特别记，结尾字母 t、d、d；八减 t，九去 e，f 要将 ve 替，y 变为 ie；几十几也容易，个位序数要牢记。这类口诀既朗朗上口，又具有较强的实践性。

然而，口诀教学只是课堂教学的一种辅助手段，切不可“无处不在”，也不是万能钥匙。不少教师费尽心机，生搬硬套，东拉西扯，编制口诀教给学生，试图让学生记住知识点，增强记忆效果。如果生拉硬扯，凡事皆用口诀记忆，就会不伦不类，舍本逐末。而且许多知识不能也无须用口诀才能掌握。例如要记忆某一单元的单词和短语，我们可以将其放在课文中各个歼灭，配以具体语境，使得词不离句、句不离文，既记忆又实践，从而达到活学活用、记忆深刻的目的；如果非要利用谐音，生硬地扯在一起，让它们一个个押韵而编成口诀，我认为，效果不见得有多好。因为这种硬性编制口诀，势必会人为地造成读音不准，句子支离破碎，缺乏逻辑性、连贯性和实用性，从而影响学生把握语言的准确性。

另外，口诀的运用也是过渡性的，学生一旦掌握了其中的内容，口诀便会自动“淡出”。没有哪个学生需要运用某一知识，就先背段口诀，再去做题的；也没有任何一个学生会以“诀”代学的。在教学实践中，笔者发现，学生即使口诀背诵得再好，张口就来，如果不进行大量而有效的操练，仍然不会做题，仍然无法举一反三、熟练运用。精讲精练、反复实践、提高能力才是学习之本。

二、正确评价口诀的功能

有的教师热衷于口诀教学，整天查找资料，摘抄口诀，积累了厚厚一大本，如获至宝，天天逼着学生死背口诀。结果学生口诀背得滚瓜烂熟，考试成绩却一塌糊涂。究其原因，就是夸大了口诀的功能，认为口诀是英语学习的灵丹妙药、尚方宝剑，这显然是不正确的。因为口诀的功能只是用于记忆，对于死记硬背缺乏灵活性的知识，用口诀记忆是可以的。如名词复数的规则变化、动词过去式的规则变化、现在分词的构成等，都是具有一定规律的知识，变化性不大，用口诀教学可以事半功倍，节约时间，加深印象。但一些灵活性较大、没有明显规律的知识就不便使用口诀记忆，如冠词用法、不可数名词、非谓语动词、各种时态对比运用等知识，内容繁杂，富于变化，特殊点较多，非要运用口诀记忆，就会因口诀较长较难背诵而使得本末倒置，适得其反。并且还会遗漏知识点，更难以分清重点、难点。

再者，口诀是死的，易于禁锢学生头脑，影响学生创造性、想象力、发散思维的训练；以“诀”代教，还会养成学生坐享其成、死记硬背的惰性，不利于培养和发展学生活学活用的创新精神和综合运用语言的能力。因此，口诀不是万能的，靠口诀背诵不能从根本上解决问题。

三、正确编制口诀

即使是可以用口诀记忆的知识，编制口诀也要抱着严肃认真的态度，不能生搬硬套，粗制滥造，任意妄为。口诀编制的原则一般有以下三个方面。

1. 实用性原则

口诀编制的目的是便于记忆，以一当十，一目了然，实用性就是口诀的生命力。如果口诀三言两语，口诀的说明却洋洋洒洒，又怎能达到巧学快记的目的呢？例如某报刊登《巧学 a 和 an》一文，将 a，an 的用法归纳为：

> a 和 an 很相像，两者用法不一样；
>
> 辅音单数 a 在前，元音单数 an 优先；
>
> 代在名词来相伴，a 和 an 看不见。
>
> 注释：(1) a 和 an 均为不定冠词，用于单数名词前，强调其类别，表示泛指“一个(块、只)”。
>
> (2) a 用于辅音音素(而不是辅音字母)开头的单数可数名词前；an 用于元音音素开头的单数可数名词前。
>
> (3) 如果单数可数名词前有 this，that，my 等代词修饰时，则不再使用 a 或 an。

这段文章以顺口溜的形式编制口诀，但注释部分字数比口诀文字数多出一倍，注释内容讲得比正文还详细，以次掩主，口诀形同虚设，倒不如直接用一句话“辅音音素前用 a，元音音素前用 an”来得简洁、实用。

2. 得体自然

编制口诀要一步到位，不要东扯葫芦西拉瓢，语气生硬、文不对题、词不达意是编不好口诀的。请看“巧记基数词”口诀：

> 基数词，很容易，一到十二单个记。
>
> 十几拼写有特点，teen 加在几后面。
>
> 说到整十也简单，几字后面 ty 安。
>
> 若要表示几十几，几十加横再接几。
>
> 要问几百几十几，几百 and 几十几。
>
> 特殊情况有六个，四个几十、俩十几。

这段口诀虽然以奇偶押韵，但语句生硬而拗口，活像绕口令，光“几”字就有 15 个，并且讲得烦琐，如不配以解析就无法让人理解；但配上解析，就又犯了上文所提到的“以次掩主”的毛病。

3. 顺口易记

既然为口诀，就要讲究顺口好记。并且口诀一般以顺口溜的形式出现，活像“打油诗”，每句都要合辙押韵，才能朗朗上口，一般后句与前句的最后一个音节押韵比较顺口易记。例如“人称代词、物主代词用法”口诀：

谓语前主格，动、介后宾格；名前用形容，无名则用名。

也有的口诀后面的句子都与第一句押韵，如“以 f(e)结尾的名词复数”口诀

(能变为 v 再加-es 的名词):

树叶半数自己黄,妻子拿刀去割粮,架后蹿出一只狼,就像强盗逃命亡。

但是,现在也有很多不太顺口的口诀堂而皇之地出现在报刊等教辅资料上,读后令人倒足胃口。试举一例,供君"品味"。"祈使句"口诀:

动词原形无主语,婉言用"请"please;牢记 BVLD 四句型,定能掌握祈使句。

这个口诀第四句和第一句押韵,中间两句不押韵,所以读起来味同嚼蜡。另外,内容不够明确,生命力不强。

另外,口诀的每一句字数不能过多,句子过长就不是口诀了,更不顺口了。例如:"There be 中 be 的判断"口诀:

Be 动词,有三个,am,is 还有 are。There be 真特别,不留 am 只留俩,那就是 is 还有 are。要用 is 还是 are,须看其后的名词是单还是大于、等于俩。

若是单数或不可数名词用 is,否则就用 are。

这是某报七年级新目标版刊登的一则口诀,句子冗长拖沓,读完让人一头雾水,不知所云。其实,这段口诀可以这样编:

单数 is 复数 are,and 连接就近"抓"。

学生已经明白你在讲 There be 句型,口诀中就没必要非把 There be 牵扯进去。

4. 科学合理

口诀不是硬编的,编制的口诀要科学合理,不能出现知识的错误或缺失。更不能随心所欲编口诀,为了让口诀朗朗上口而臆造语法规则。例如以 o 结尾的名词复数口诀,有人编制为:

黑人英雄要吃菜;番茄土豆没得买;有生命的加 es,无生命的 s 带。

这个口诀有以偏概全之嫌,番茄、土豆到底是有生命的还是无生命的,让人费解。其实以 o 结尾的名词要加 es 的还有 echoes(回声),torpedoes(鱼雷)等。

可见,口诀教学要适可而止,要把握"度"和"量",不能滥用。口诀编制也要认真思考,多花心思,减少随意性和盲目性。其实强化记忆的手段很多,如图形记忆、谐音记忆、汉语粘连记忆、想象联想记忆、定位记忆等,不一定咬住"口诀"不放松。因此,我们在日常教学中要因材施教,因材施"记",口诀教学只能"该出手时再出手"。而且,即使能用口诀记忆的内容,也要引导学生自编口诀,自己总结规律,这种自我总结的过程就是强化记忆的过程。教师没必要越俎代庖,硬逼学生背诵口诀,舍本逐末。我们教师要将精力放到课堂教学改革、教学效率的钻研上,提高自己的业务能力,跟上新时代新课改的步伐,提高学生的综合语言能力,培养出富有创造力和创新精神的高素质的人才。

当好学生转走后

昨天上午，接到了我班一名学生的姑姑的电话，她充满歉意地告诉我该生需要马上转学，并且买好了两天后回东北的车票。我顿时就蒙了，该生八年级时从东北转来我班，经过一年的努力和老师的关心，现在已经是班级第一名，年级也经常拿第一。该生品格优秀，多才多艺，深得全班学生和任课教师喜爱，是班级的一面旗帜。说走就走，着实让人无法接受，于是我极力挽留，出于自私，更出于留恋，确实培养一名品学兼优的学生很难！

但是，深入了解了该生的具体情况后，我又改变主意了。该生父母均在东北，一年来他一直处于想念父母的煎熬中，毕竟是孩子呀！另外，孩子将来上高中和考大学也必须在东北，并且父母也执意要求孩子回去，能够更好地照顾她。亲情、未来与孩子的思念让我怎能为损失了一名得意学生而耿耿于怀呢？

于是，我爽快地答应了孩子的请求，同时和她嘱咐了许多中考注意事项，表达了我的祝福。从孩子的眼中，我看到了晶莹的泪珠！我告诉她离开前亲自来和各位老师告个别，听听老师的建议和祝福，她深深地点了一下头。

课间，我把她最要好的同学叫来，安排她利用课间让所有的同学为该生写上一份自己的祝福，这也许是送给她最好的礼物了。

在教学和生活中，我们也许会经常遇到许多此类的矛盾抉择。究竟该怎么办呢？仁者见仁智者见智，但别忘了最重要的一点：学会换位思考，取舍之间，彰显英雄本色！

做一个让人感到快乐的仁者吧！

回忆从前的作文套路

语言往往可以成为定格一个时代的烙印，给读者留下鲜明的时代特征，勾起读者或温馨或痛苦的回忆。现在的教师，尤其是语言教师，老是抱怨我们的学生缺少生活观察力，语言苍白无力。其实，我们小的时候也应该经历过一段“语言贫乏期”，甚至语言模仿阶段。下面的这8句作文常用语或许会唤起一些我们儿时的记忆，相信也会增加我们对学生的理解，毕竟，这是一个时代的特征与烙印。

1.“同学们看着明亮的窗户、一尘不染的地面，擦着额头上的汗水笑了……”

（用于描写大扫除之后。）

2.问：“小朋友，谢谢你，你叫什么名字？”（用于扶老人过马路等好人好事之后）

答：“我叫红领巾。”

（黄金必杀句！）

3.“今天天气晴朗，万里无云，我们来到了××公园春游。首先映入眼帘的是假山。”

“在夕阳的余晖下，我们依依不舍地离开了××，我会永远记得这快乐而有意义的一天！”

（为什么每次春游回来都要写周记？）

4.“买东西的时候阿姨多找了1角钱。低头看到胸前飘扬的红领巾，就退回去了。”

再然后就是：“我低下头，发觉胸前的红领巾更加鲜艳了。”

5.“今天是我第一次洗衣服，今天是我第一次洗碗，今天是我第一次叠被子，今天是我第一次……”

（“第一次”果然都很有纪念价值。）

6.“每当遇到困难想退缩时，脑海中忽然闪过XX（张海迪大姐姐等）的身影，比起她我的这点困难算什么。”

（显然那时候我们跟他们是完全不认识的，怎么这么爱装“熟”?）

7.“烛光下，看着妈妈布满老茧的手那么灵巧地帮我织毛衣，我的泪水再也忍不住流出来。”

8.“今天是教师节，老师们是蜡烛，燃烧自己，照亮别人。”

“那天。小王老师使尽了全身的力量给我们上最后一节课……可是小王老师只教了我们一个学期就患癌症死去了……我们是多怀念他啊……”

（小学时为了感人，很多老师就这样患绝症死了。）

以上套路现在读来，百感交集。

内外兼修，从教师变名师

拥有崇高的事业心、强烈的敬业精神是教师的“师魂”。一个教师有了“师魂”，当他走上讲台或接触学生时，一切烦恼、困难、痛苦等都会抛到九霄云外。特级教师魏书生认为粉笔生涯有五大乐趣：首先教师的劳动是双倍收获的劳动，既收获学生的成绩和发展，还能收获感情和心意。其次，教学还是一项科学研究工作，可以出科研成果。第三，教师可以保持一颗童心。第四，教师关乎国家未来。第五，长期工作已经被职业训练出了适应性——如为人师表等。确实，得天下英才而教之，乃人生一大乐事，它的终极目的令人激动不已，它的过程也使人快乐无比。

先进理念是教师成长的关键要素。可以说，一切先进的教育改革都是从新的教育观念中生长出来的。新一轮课程改革提出了变教师为中心为学生为中心、变单向关注为多向关注、变独立学习为合作学习等十大转变，如果安于现状，不与时俱进，就有可能成为新课改的绊脚石。

知识结构是教师成长的基本要素。教师的知识结构，是一个有若干层次组成的网络系统：第一层次是条件性知识。包括教育学、心理学、学科教学论等。钱梦龙先生认为这是知识结构的核心。第二层次是本体性知识，即大学所学的专业课程。据统计，一个人在校学到的知识只占全部工作所需的20%，其余的都得靠自己学习。第三层次是扩展性知识。即学科以外的广博的文化知识，上至天文，下至地理，什么都要懂一点。第四层次是实践性知识。如方法论知识、计算机知识、网络知识、外语知识等。第三、四层次是外围层次的知识，教师应尽可能多懂些，知识面要尽可能宽些。否则，与学生交流时会缺少共同语言。当你停止学习时，你就停止了成长。

能力素质是教师成长的核心要素。上海著名特级教师顾泠沅认为：“真正的名师是在学校里、课堂里摔打出来的。”此外，教师还要通过科研来学习、提高。科研是名师成长的摇篮，是一般教师走向优秀教师的阶梯；会不会科研、搞不搞科研是“教书匠”与“专家”的分水岭。

环境氛围是教师成长的外部要素。教师的成长与环境氛围有很大关系。

一方面，这个环境是指社会环境；另一方面，教师成长离不开宽松、舒畅的学校环境。尤其是教学、科研、学术的良好氛围，对教师的成长关系极大。

魏书生指出："埋怨环境不好，常常是我们自己不好；埋怨别人太狭隘，常常是我们自己不豁达；埋怨天气太恶劣，常常是我们自己抵抗力太弱；埋怨学生难教育，常常是我们自己方法少。"[①]其实，好的环境和差的环境都能培养出名师。我们要走自主成长之路，毕竟一切支持和帮助都代替不了教师自身的努力。

① 魏书生：《班主任工作漫谈》，漓江出版社2014年版，第225页。

让语言教学目标在英语活动设计中更加明确

英语课程的总体目标是："培养学生的综合语言运用能力"，而"语言知识和语言技能是综合语言运用能力的基础"。英语教学的主要目标之一就是让学生参与教学活动，学习和掌握最基本的语言知识和语言技能。教师在设计教学活动时，必须明确要培养学生哪些方面的语言技能（比如听、说、读、写的能力等），让学生明确要学习和掌握哪些语言知识（比如学习哪些单词、熟悉哪些句型、理解哪个语法等知识点）。例如，在教学"What colour is it?"句型时，教师利用不同颜色的粉笔，在黑板上书写学过的字母，很自然地引出"What (letter) is this?"和"What colour is it?"等句型。通过反复的问答，并请一些学生到黑板前模仿教师，边写边问："What's this?""What colour is it?"通过这几个句型的反复操练，活动的语言教学目标就十分明确。同时，教师可根据学生的理解程度和接受能力作适当的扩充和延伸，恰到好处地向学生传授了本课的语言知识点。

活动需有阶梯性。所设计的任务应由简到繁、由易入难，教师可以把活动设计成若干种形式，确立不同的要求或难度差异，让学生自己决定进行哪些活动，应达到什么要求。同时教师给予不同程度的帮助，这样就可以保证有效的层次教学，使不同水平的学生都能参与完成一定的任务。如在做听力题时，对于基础较差的学生，可要求说出其中的人物、时间、地点或简单的一两句话；对于基础一般的学生可要求做 True/False 练习；对于较好但内向的学生可要求简要复述故事情节；对于成绩较好且外向的学生可要求表演。教师针对不同层次的学生提出不同的要求，可使每个学生都体验到成功，维持学习的兴趣。设计任务在考虑任务的难度与学生水平相一致的同时，也要让学生体会到任务的一定难度，让学生有"跳一跳，摘个桃"的体验。学生只有在经过磨炼，克服困难后取得成功时，才会感受到真正的成就感，才能产生更持久的学习热情。同时教师应当善于总结，能准确地把握任务型学习活动在各个阶段中教师和学生不同的角色位置。

我们所设计的活动的结果应能使学生产生成就感。活动面向全体学生，要考虑任务的难度，学生的年龄特征、认知水平和知识水平的实际。教师所设计的活动应适合所有的学生，吸引全体学生参加，而不是仅仅让能力强和水平高的学生参加。这样，任务型教学模式也就不会流于形式，从而确保任务型学习活动真正起到激励学生的作用，并通过完成特定的任务来获得积累相应的学习经验。

活动的组织、操作应把握学生的心理因素。无论教师和学生，在缺乏安全感的情况下都很难积极地投入教学中。活动的安全感应体现在两个方面：其一，活动的形式和要求应使学生有安全感，如因考虑不周让那些有困难的学生在众目睽睽之下做他们没有把握的活动。其二，活动所涉及的内容使学生有安全感。活动既要贴近学生的经历和生活，以求得学生的最大参与，又要避免触及学生家庭个人的敏感隐私，如单亲家庭问题、生理缺陷等。

活动的组织、操作要求教师讲究教育的科学性，在教育学生和处理问题时实事求是，做到分析中肯、判断恰当、结论合理，对学生要求适当，说话有分量，使学生口服心服。无论表扬，还是批评，能估计情势，考虑学生年龄、经验、认识水平以及学生性格、脾气等，并选择恰如其分最有效的方式方法。实践证明：对学生过分赞扬，会使他们骄傲自满；过度批评，会使他们自卑失望；过分爱抚，会消磨他们的意志；过分严厉，会养成他们性格上的盲从或固执；过分迁就，会形成他们的松懈和放任；过分苛求，会因吹毛求疵而挫伤他们的积极性；过高要求，会使他们望而生畏；过低要求，会使他们失去教育意义……因此，教师应善于掌握教育分寸，有效设计、开展英语活动。

如何科学合理地进行英语课堂活动的组织和设计

英语课堂活动旨在通过创设情景，让学生参与活动，在活动中激发兴趣，引出疑问、引起思考、引导创新，最终实现在活动中学习，在学习中活动，在活动中完成学习目标。《英语课程标准》(2017 年版)强调英语的课堂活动要以学生为主体，学生在多样情景中体验、交流、学习。目前，这种课堂活动的观念已经深入人心，不少英语教师在课堂上巧设情景，大胆放手，把学生的"动"放在第一位，课堂上热热闹闹，一派"繁荣昌盛"的景象，过去那种"满堂灌"、"一言堂"式"死水微澜"的教学方式被生机勃勃的课堂活动所代替。然而，这种状况既令人欣喜之余，又令人心存些许的担心。不少教师，特别是年轻的教师，在课堂上夸大了课堂活动的重要作用，"活"而无度，"乱"中无序，学生高涨的激情一发不可收拾，混乱的课堂难以收到应有的效力，走向了另一个极端。究其原因，是因为我们对英语课堂活动的组织和设计还存在误区。事实上，学生能力的展示不仅仅是"秀自己"; 突出学生的主体地位并非只是简单的小组合作；活跃的课堂气氛并非完全用音乐、视频、笑声和掌声创造；"动"起来的课堂并非全是优质高效的课堂；体现学生的主体地位，教师并非"看客"和"局外人"；课堂组织的活动要适时，并不是"为活动而活动"；"活跃"并非活动设计的终极目标；课堂上的活动并不是万能的。

针对如上分析，要求我们在组织和设计课堂活动时，要以《英语课程标准》(2017 年版)和最新《教学大纲》为据，以学生的发展和高效学习为目的，以体现素质教育为最终目标，将学生调动起来后，"该出手时就出手"，"该放手时大胆放手"，收放自如，"活"中有度，"乱"中有序。具体而言，组织和设计英语课堂活动应做到以下几点：

一、讲究一个"实"字

课堂活动的设计要从实际出发，讲求效益，真正有利于强化知识重点，突破知识难点。学生活动的开展与否以及多大程度上开展活动，取决于所学知识的要求、学生的实际和客观条件，而不是每节课、每个知识点都要有学生活动。

二、体现一个"值"字

我们的课堂活动应该是有价值的活动，也就是要求课堂活动要真正为实现教育教学的目标服务，而不能走过场、做样子，要通过为学生创建开放的、在学生认知范围内的交互式的活动，促使每一个学生主动参与，促进他们形成积极的学习态度和良好的学习策略，而不是组织一些隐晦难懂的、毫无意义的、无法用英语表达的活动。

三、强化一个“趣”字

课堂活动的设计要从中学生的年龄特点和知识水平出发，追求形式上的生动、多样和内容上的贴切和有趣，这样学生才能主动参与。中学生的年龄特点决定了他们对事物的专注程度是有限的，其兴趣容易转变。课堂活动在形式上要克服僵化、单一的弊病，体现有趣、生动、多样。

四、追求一个“新”字

随着学生认知水平的不断提高，他们易于接受新鲜事物，乐于感受新型知识的熏陶，所以我们在组织学生进行活动时，一定要追求活动的新颖别致、富有个性，要体现学科特色、教师特色。创设恰当的情境，通过质疑、交流，形成良好的学习场，促使学生实现知识的内化和道德认知的提升。“新”字的目的是学生的知识融通、思想碰撞、情感体验，而不是一味地渲染旨在让学生仅仅获得直接经验和感性认识的外显活动。

五、落实一个“互”字

无论何种课堂活动，我们都不能搞“一言堂”（只有老师的夸夸其谈和越俎代庖）、搞“几枝独秀”（只有几个小组长反复表现）、搞“放羊式”（对小组活动放任自流）、搞“浑水摸鱼”（后进生趁机说话），课堂活动应该是师生互动、生生互动的有机结合。教与学相统一的实质就是交往、互动，而课堂活动则是这种交往、互动的载体。

《基础教育课程改革纲要（试行）》在新课程改革的目标部分指出：“改变课程实施过于强调接受学习、死记硬背、机械训练的现状，倡导学生主动参与、乐于探究、勤于动手，培养学生搜集和处理信息的能力、获取新知识的能力、分析和解决问题的能力以及交流与合作的能力。”

这就是我们组织课堂活动的指南针，是我们的行动方向，“教师在教学过程中应与学生积极互动、共同发展，……引导学生质疑、调查、探究，在实践中学习，促进学生在教师指导下主动地、富有个性地学习。……关注个体差异，满足不同学生的学习需要，……使每个学生都能得到充分的发展”。我们的课堂教学不仅要从“灌”到“动”，而且要克服“为活动而活动”的形式化倾向，追求从“动”到“生动个性有价值的互动”，从“活”到“有理有度的灵活”，从“乱”到“有规有矩的乱中有序”。

让我们共同努力。

如何使英语教学更加生活化

语言源自生活，生活中又充满着语言。学生的外语知识不仅来自课堂，更来自日常生活。在英语教学中，要把英语知识和学生的生活实际衔接起来，让英语贴近生活，使学生学用结合，更好地体现英语课程标准提出的“用中学，学中用”。生活化教学就是根据学生特点和社会需要，让英语教学与生活融为一体，用生活化的理念构建英语教学的大课堂，同时发挥英语的交际性作用。著名教育家杜威说：“教育即生活。”陶行知说：“生活即教育。”教育不能脱离生活。那么，如何在英语教学中进行生活化教学呢？根据多年工作实践，我认为可从以下两个方面营造生活化的英语教学氛围。

一、生活化的课堂教学——英语教学的主阵地

英语教学生活化是《英语课程标准》(2017 年版)强调“在用中学、在学中用”的最好体现。学生感觉到在课堂上学习就像在日常生活中一样，创设生活化的教学方式，而且使学生学会用英语做事的同时学会了做人，把创新精神与实践能力有机结合。

1. 从语言素材入手创设生活化的课堂教学

从学生已有生活经验入手驾驭教材。我们的英语教材内容贴近学生的生活，教材中涉及的话题大多与我们的日常生活息息相关。例如：学生们熟悉的动物、食物、天气、学习用品、交通工具等。因此，在日常教学中教师要有意识地结合教材收集生活中的英语，把它们带进课堂，服务教学。如在上英语入门课前，预先搜集学生生活中经常见到的缩写词：TV，E-mail，WC……这些生活中的英语让学生在学习字母时热情高涨，思维异常活跃，也让学生体会到英语就在我们身边。

2. 利用非语言方式创设英语课堂教学生活化

在日常生活中，时刻会有非语言方式的交流。在英语课堂上，教师更不应忽视非语言方式所隐含的生活化知识。声调、语气、体态语的运用就是其中一方面。尤其在教学的初始阶段，这些活动既符合学生的年龄特点又能最大限度地激发学生的学习兴趣。教师应在《英语课程标准》(2017 年版)指引下，努力创设生动和真实的语言环境，让学生在自主学习、合作学习、探究学习中逐渐形成学习英语的兴趣和爱好，形成在动态真实环境中使用英语进行活动的积极性，让生活走进课堂。

另外，还可以运用实物、图片、简笔画、教具等巧设非语言的学习情景。英语中的大部分单词是表示具体事物的，表示想象的内容较少。在教学水果、颜色、衣着、学习用品、交通工具、动植物等类别的单词时，应尽量用实物或实物模型进行直观教学，或借助彩色图片、简笔画、表情、动作进行教学。例如，在教颜色类单词 red，yellow，purple 和 long hair，short hair 等词时，要求学生观察班上的同学，并说说“Who is in yellow today?”“Who is in green today?”“Who has long hair?”这样一来，学生就把课本的知识和生活中的事物融入课堂，也使英语课堂教学更加生活化了。

3. 巧用游戏、活动创设英语课堂教学生活化

英语教学要以学生的年龄特点为切入点。游戏是学生们最喜欢的活动之一，将游戏引入课堂能将枯燥的语言现象转变为学生乐于接受的生动有趣的课堂形式。在教学中有目的地设计一些课堂游戏，让学生在生活化的情境中轻松学习语言知识。课堂游戏的形式多种多样，根据学生喜欢猜想的年龄特点可设计 guessing games；根据学生好动的性格特点可设计 activities；根据学生喜欢韵律音乐可适当设计 songs，rhymes and chants 等；根据学生喜欢故事可设计 story-telling……教师可根据教学内容的不同灵活处理。如在学习有关职业单词时，让学生模仿各种职业特征的动作，学 driver 手持方向盘的动作；学 farmer 做农民种地动作；模仿 nurse 打针动作……在课堂教学中，生活化教学大量地实施了模拟性实践活动，通过游戏、表演等活动形式让学生形成运用英语进行简单日常交流的能力。

4. 利用多媒体技术创设英语课堂教学生活化

随着现代技术的广泛应用，多媒体也走进了英语课堂。英语教学中在重要任务允许的情况下，教师可以依据教材内容（如教学“Do you like ... ?”时）设计一些当推销员、导游、天气预报员、广告设计师等综合性活动，学生在生活化的实践过程中自然发展多元智能。美国语言学家克鲁姆说：成功的外语课堂教学应该是创造更多的情景，让学生有机会用自己已学到的语言材料。① 多媒体技术的运用能使学生的视觉感受和听觉感受有机地结合起来，构成一幅幅视听立体英语画面，营造出了大量不同的模拟真实的情景。

---

① 北京教育科学研究院基础教学研究中心：《信息技术与学科教学整合研究》，首都师范大学出版社 2005 年版，第 54 页。

二、生活化的第二课堂——课堂教学的延伸

学英语的最终目的是能用英语进行表达、交流和交往。随着观念的更新，教学已不局限于课堂。因此，我们要利用一切可利用的机会，帮助学生拓宽英语学习和使用的环境，让英语学习能走出教科书，走进生活，走进社会。

1. 营造生活化的校园英语氛围

校园的一景一物对学生都具有“润物细无声”的教育效果。学校可在校园环境上进行整体设计，在校园内和教室里建立“英语角”、开辟“英语窗口”、设置英语“警示标志”、各场所和班级牌改换成中英文对照等，让每一句口号、每一个标志都从语言上给学生以无声的熏陶，为学生营造了一个交流与学习英语的氛围。把生活化的课堂活动延伸到课外，拓展到校园的每个角落，精心组织课外英语活动，营造一种深厚的生活化英语的学习氛围，也是另一种生活化教学的体现。同时，开辟形式多样的活动，如英语角、英语墙报、英语广播等。通过举办各种英语活动，如讲故事、演讲、演情景剧、唱英文歌曲比赛、小品赛等，让学生在比赛中激发对英语的兴趣，从而投入更多的时间和精力去学习英语。加德纳多元智能理论认为：充分提供情节背景下的学习是最有效的。人要实现由自然人向社会人的发展，必须真正理解所学并能学以致用。

2. 设计生活化的家庭作业

英语教学的目的在于激发学生的英语学习兴趣，初步建立学习英语的自信心。因此，英语教师在布置家庭作业时，要按照《英语课程标准》(2017 年版)的理念，从听说读写多方面入手，设计生活化的作业，如让学生把所学的内容在家长面前朗读或表演，让学生每天坚持听读课文录音；有条件的还可以收看英语电视节目、阅读英语卡通故事书、看英语 VCD、欣赏儿童英语歌曲等。此外，还可以布置一些开放性家庭作业，让学生为家庭生活用品、学习用品贴英语标签，为家庭房间取英语名字等。通过生活化的作业，学生会为自己能发现并学到更多的课外英语而高兴。

《英语课程标准》(2017 年版)明确规定：要重视从学生的日常生活出发，培养学生实际运用语言的能力。而生活化教学是一种在生活背景下的情景化学习。根据加德纳的多元智力理论，每一个个体都有相对的优势智力领域，如有的孩子擅长用表演来表现自己的情感；有的擅长用歌唱来表达自己的感受；有的侧重于形象描述。因此，在教学中必须尊重每个个体的智力特点，结合主课堂和第二课堂，努力营造生活化的英语教学氛围，让每一个个体的特殊才能都在生活化的状态下得到充分发挥，为学生适应社会提前打下一定的基础。

如何在初中英语教学中培养学生的创新精神

英语课堂是语言实践的课堂，也是培养学生创新精神和创新能力的阵地。在英语课堂上，师生之间的交流、生生之间的对话、群体性的表演、单独性的抽查，应蕴含着丰富的创新教育因素，英语课堂应该是民主、平等、安全、愉悦的课堂。然而，细心考察我们的英语课堂教学，往往是师生交流不畅通，学生发言不积极，语言操练不足，课堂气氛不活跃。学生在课堂上害怕发言，不敢活动，生怕出错，遭同学耻笑，受老师责骂。这种沉闷、不和谐的课堂教学氛围成因是多方面的，一是学生已习惯了老师满堂灌的教授方式，他们认为课堂就应该是教师讲、学生听；二是学生在平时的课堂活动中有过很深刻的失败经历，影响想象力和创造力的发挥；三是老师在英语课堂上要求过高，提出的问题已超出学生的知识水平和能力要求，学生产生畏难情绪，当然就谈不上创新精神和创新能力的培养与提高了。

如何构建一个民主、平等、愉悦的英语课堂，追求宽松、积极、主动的学习氛围，充分发挥学生的主观能动性，让学生时刻充满信心，让课堂始终充满乐趣，激活学生创新精神、创新思维，培养学生的创新能力呢？

一、在任务教学中转变教师角色，营造有利于创新的氛围

传统的教师既是知识的象征，又是知识权威的化身，使得在课堂上学生的思维活动受到很大的限制。为改变这种状况，教师应该转变角色，由管理者变为引导者，由知识权威变为知识点拨者，在课堂上参与学生的活动，由导演变为学生活动的合作者，这样学生才能放得开，课堂上才会有新的东西出现，才有创新精神的增长。例如，在学习“The world’s population”时，我就采取了这种教学方式。课前，学生收集有关人口方面的资料；课上我没有照本宣科地去讲，也没有作为管理者去维持秩序，而是主动参与学生的讨论，在讨论中和学生平等地交流，谈论自己所了解的关于人口的问题。当谈到中国人口是12亿时，学生纠正约是13亿，我马上加以改正，学生讨论愈发热烈积极。通过师生的共同讨论，学生对世界人口尤其是中国人口的现状有了更进一步的认识，课堂教学达到了意想不到的效果。尤为可喜的是除了落实了课本上的知识外，学生还就人口问题谈到中国的计划生育问题、非洲的难民以及其他与人口有关的问题，大大地超越了课本，从而开阔了视野和知识面，同时也提高了学习英语的兴趣。在这堂课上，我只是布置任务，建议学生研究哪方面的问题，和学生一起交流讨论，而没有大讲特讲人口问题。我知道给学生创造一个民主和谐的氛围，学生就可以在愉悦的情绪中积极地相互沟通、交流，从而调动自己的创新素质才能，开拓创新空间。

二、在任务教学中重新挖掘教材，培养学生创新的兴趣

教材是教师上课、学生学习的依据。依据教材照本宣科式的英语教学，既不能扩展学生的知识，又易使学生失去学习兴趣。教师应该以课本为依据，深挖教材，将一些枯燥乏味的知识转化为学生乐于接受、易于接受的东西，使学生在学习自己感兴趣的知识时提高创新能力。在学习"The missing necklace"时，因为课文篇幅较长而且故事都是学生比较熟悉的，所以学生学习兴趣并不高。为了调动学生的兴趣，让学生五人一组自由结合，分别扮演格林夫妇、吉姆、警察和波莉，但不准照搬教材，可以适当地发挥。结果不仅学生表演的形式多种多样，而且内容也在原来的基础上得到了极大的丰富。格林夫人的焦虑，警察的机智，对案情推理的合情合理，特别是波莉模仿强盗的对白更是惟妙惟肖。通过这一节课，表演的胆量得到了锻炼，自信心得到了提高，表演能力和口语表达能力都得到了增强。学生们学习英语的兴趣空前高涨，纷纷表示课下要更认真地准备，争取超过前面的同学。

三、在任务教学中调动学生的积极性，营造有利于创新的情景

在英语课堂教学中，教师应该在学生力所能及的范围内，让学生多动、多说、多问、多表现、多思考，让他们自己"跳一跳就可以摘到苹果"，尽量多给学生一点思考时间和活动余地，把提问的权力还给学生，让学生有发挥创造力和创新思维的机会。学以致用，教师还应该引导学生将学到的知识应用到现实生活，让他们在新问题中再设计问题，为学生创新思维提供丰富的问题和情境。在学习"A doctor for animal"时，我没有讲授，而是请三个学生来讲，却收到了不错的效果：讲授的学生准备得充分，讲解得透彻，而且涉及很多课外补充材料；听课的学生认真、积极，课堂效果明显。我在补充时让学生去谈谈自己的理想，学生反应更是强烈，纷纷举手发言，谈得都很真诚。这节课不仅使学生掌握了一定的知识，更重要的是使学生对未来的理想有了新的认识，对学生进行了一次理想教育。教师将问题意识引入课堂，能为学生的创新提供保障。学生创新能力的关键是发现问题和提出问题的能力。教师的引导作用主要体现在给学生创造提出问题的情境，而不是全部问题完全由自己包办。

一些老师平时的教学多是采用没有问题的教学法，让学生没有带着问题走进课堂，没有带着问题走出课堂；好一点的教师是让学生带着问题走进课堂，没有带着问题走出课堂；更好的教师应是让学生带着问题走进课堂，带着更深刻甚至更多的问题走出课堂。教师在课堂上要帮助学生解决一些问题，同时，在课堂上还要启发学生提出更深刻、多角度的问题。有人说，一个好的教师，既要教会学生一些东西，也要教不会学生一些东西。这是很有道理的。提出一个问题比解决一个问题更重要，能否提出有价值的问题和提出有价值问题的多少是衡量一个人有无创新能力和创新能力高低的重要标志。

通过几年的教学实践，我认识到教育的核心是人格心灵的唤醒。我们的课堂应该让学生体验到平等、民主和理解，同时受到激励和感化，形成积极的、丰富的人生态度和情感体验，孕育心灵、人格和生命的尊严。给予学生知识、培养学生能力、提升学生的情感将给学生素质的提高和创新能力的培养提供良好的空间和氛围。

相信迎着新一轮的课改，英语课堂教学的创新教育之花会越开越鲜艳。

谈谈初中生英语学习兴趣的培养

《英语课程标准》(2017 年版)体现了实施素质教育的精神,强调激发和培养学生的学习兴趣,以适应学习化社会的需要。如何激发和培养学生的英语语言学习兴趣,成为中学英语教师重点探讨和研究的科研课题。

英语学习兴趣是指学生在英语学习中表现出来的探究事物的积极态度,是学生优先地对一定事物发生注意的认知倾向。学习兴趣是学习动机的重要心理成分,是学习积极性中最现实、最活跃的成分。它是学习的动力,也是发展智力潜能的契机。

“知之者,不如好知者;好之者不如乐之者。”兴趣是最好的老师,有兴趣才会乐意学。成功的教学不应是强制性的,而应该是激发学生的学习兴趣,这一点对于英语学习过程至关重要。心理学的研究和教学实践表明:采用生动的、适合学生心理发展水平的教学方式,可以成功地培养学生的学习兴趣。如果能把兴趣培养成为一种学生学习英语的心理需要,就可以使学生变“要我学”为“我要学”,逐渐养成自觉自愿、主动学习英语的习惯。

虽然在学习英语初始阶段,学生普遍对英语具有新鲜感,但随着英语日常学习活动的不断开展,就多数学生而言,这种新鲜感和由此而产生的兴趣会逐渐淡漠并消失。只有那些对外语学习有浓厚兴趣,把学习看成自己愿望和需要的人,才能激活自己的认知。学生对教师的教学越感兴趣,就越能吸引他们学习的注意力,就越能了解和理解知识的内容,而对知识的内容理解得越深,越能激发学生的学习兴趣,这二者互为因果关系。

这时,如果教师能够适时因势利导,及时调整教学方法,不断采取措施调动、培养学生英语学习的兴趣,是可以避免学生大面积出现退步的现象。因此,教师必须不断更新课堂教学手段,用灵活多样的教学方法,组织学生进行广泛的语言实践活动,通过多种手段激发学生实践的热情,加强培养学生学习英语的兴趣,让学生变兴趣为参与实践的动力,并在漫长的教学过程中始终保持这种兴趣,为语言实践活动提供源源不断的动力。学生学习兴趣的产生和强化都离不开教师的激发和培养。一个成功的英语教师要在教学中有意识地培养学生对英语的持久兴趣，激励学生不断处于较佳的学习状态之中，使他们对英语乐学、善学、会学，学而忘我。如果学生对学习产生了兴趣，就会表现出对学习的一种特殊情感，学习起来乐此不疲，正所谓“乐学之下无负担”。如何激发和培养学生的兴趣，下面是我的几点体会。

一、精心设计并上好日常每一堂课

教育主渠道在课堂。英语课的策划，各自有着不同的风格，但在总体设计和各个环节的设计思路上，应该特别突出新颖性和趣味性的原则。其教学目的除应实现教材的基本要求外，还应包括通过初步了解英语语言和文字的基本特征和具体的英语语言交际实践，使学生最大限度地体验学习英语的新鲜感，培养学生跃跃欲试的心态，从而产生强烈的学习兴趣，为今后的发展做好动力准备。通过了解英语国家概况，开拓学生视野，同时也留下众多悬念，诱发学生的求知欲，为英语语言学习兴趣的维持与发展奠定基础。

二、不断变换导课方式

导课是老师在新的课题或活动开始时，引导学生进入学习状态的行为方式。巧妙的导课可以激发、调动学生的学习兴趣和求知欲，将学生的注意力迅速吸引到特定的教学任务和教学程序之中，为一节生动的英语课拉开序幕。导课的方式有很多，在教学实践中，我们时常交替使用交际导入法、话题导入法、悬念导入法、设疑导入法、游戏导入法、借鉴导入法、警示导入法、直观导入法、角色扮演法、表情感染法、直接实践法、温故知新法和启发诱导法等多种导课方式。导课的方式应多变，千篇一律的导课模式不受学生欢迎。不同课型的英语课可以采取不同的导入方法，从而可使学生感到课课新颖，在每节课上都激发强烈的学习兴趣和求知欲。

三、灵活使用教学方法

教学方法是实现教学目的的必要手段。采取切合教材和学生实际的教学方法无疑对教学目的的实现将起到事半功倍的作用。中学英语教学应以知识性和趣味性并重，这就要求教师在教学的各个环节采取灵活多变的教学方法。陈旧的“填鸭式”教学必须扬弃，一个好的教学方法也不宜“一贯制”无休止地重复使用，这样做也不利于最大限度地调动全体学生的学习兴趣。教无定法。教学方法的策划，既要联系教材实际，又要预测学生的反应；同一课型可以选用不同的教学方法，不同课型也可选用同一种教学方法。在进行语音教学时，我们时常采用英汉语音对比法，也交替使用听音法、模仿法，在复习总结时还往往采用归纳法。课文教学常采用视听说教学、游戏法教学、阅读法教学等方法实施；

句型教学常采用以旧带新法、形象介绍法、图表介绍法和情景教学法。教师根据需要也常把课文教学和句型教学这两种课型的多种教法交互使用。

四、在课堂内外创设语境

学习语言必须遵循一般的认知规律。在课堂内外创设英语语境，能够有效地防止“聋哑英语”现象。英语课是一门实践课，在课堂上应充分发挥教师的主导作用和学生的主体作用。教师的主导作用主要应体现在语境的创设上，而学生的主体作用主要应体现在特定语境下进行的交际活动中，作为教师，应想方设法利用学生已经掌握的语言知识创设语境，同时把新的语言材料有机地融汇在精心创设的语境之中，让学生在实际的语境里理解新的语言材料。学生应参与到交际之中，在轻松愉快的气氛中体会新的语言材料的含义，从而实现教学目的。在课堂以外创设语境，作为课堂教学的延伸，如在课外提倡同学问、师生问、运用英语问候、谈心及情感交流，在教室里经常播放英语歌曲，创办英语角、黑板报，举办英语故事会、朗诵比赛，组织学生参加外事交流活动，用英语组织智力竞赛等。通过开展这一系列课外活动，学生时常置身于这样的语境之中，有助于激发、培养他们的学习兴趣。

五、融洽的师生关系是激发和培养学生学习兴趣的先决条件

融洽的师生关系的确立，主要取决于教师良好的自身素质。一位深受学生尊敬和爱戴的教师，除了必须具备过硬的专业知识和过硬的教育教学理论知识外，还必须能够以爱心对待学生。这种爱，应该是公正的、无私的、对全体学生的爱，不应是狭隘的、存有偏见的、只对优等生的爱。因此，我们必须建立新型师生关系。

1. 合作的师生关系

现在的观念是：“你不会学习，我来教你学习；你不愿意学习，我来吸引你学习。”“吸引”就是使学生乐于学习，使他们乐意参加到教师和学生共同进行的教学活动中来。

2. 和谐的师生关系

和谐是指师生之间的情感联系，爱是其中的核心要素。爱需要教师对学生倾注相当的热情，对其各方面给予关注，对于学习有困难的学生尤为如此。爱是将教学中存在的师生的“我”与“你”的关系，变成了“我们”的关系。爱使教师与学生在相互依存中取得心灵的沟通，共同分享成功的欢乐，分担挫折的烦恼。和谐的师生关系是促进学生学习的强劲动力。

3. 互动的师生关系

从社会学的观点来看，教学过程是一种师生交互作用的历程，师生互动的性质和质量在一定程度上对教学活动的效果起着决定性的影响。这是因为在教学活动中，教师总是由一定的观念（诸如教育观、学生观、质量观等）支配其教学行为，对学生施加影响的。而学生也会根据自己的价值取向和需要、理解、接受教师的影响，并在行动上作出反应。学生的反应又进一步强化或者修正教师原有的教育观念与行为。

4. 融洽的师生关系

要为人师，先做其友。中央教科所所长朱小蔓曾说："离开感情层面，不能铸造人的精神世界。"教育是充满情感和爱的事业，教师应多与学生进行情感方面的交流，做学生的知心朋友，甚至与学生建立起母女般、父子般或姐妹兄弟般融洽的师生关系，让学生觉得老师是最值得信任的人，跟老师无话不说、无事不谈，达到师生关系的最佳状态。

中学生英语语言学习兴趣的激发与培养，应该是全方位的、一贯的。只要教师确立以学生为主体的观念，在教学实践中不断摸索、探求，就一定能够取得成功。

总之，英语学习，兴趣为先。学生语言能力的高低在很大程度上受制于英语学习兴趣的程度，很难想象失去了兴趣还能怎样培养交际能力。作为英语教师，一方面要向学生传授语言知识并使他们掌握技能，另一方面更要重视培养和保持学生对这门学科的兴趣，从而获得事半功倍的效果，这样才能真正把《英语课程标准》（2017 年版）提出的要求落到实处。

谈谈英语课堂的导入

课堂导入是教学艺术的第一个闪光点。对英语而言,其主要作用在于唤起注意,酝酿情绪,带入特定的语言交际场。其基本要求是:简捷、明了、准确、自然。要设计好一节课的导入,必须认真发掘教材的内涵,了解学生的思想实际和生活实际,并善于把这两者联系在一起。

当然,由于教材特色不同,教材内容各异,在具体的课堂导入设计过程中必然千差万别。按设计形式,大致可分为以下十种类型。

1. 复习型

通过这种导入,达到温故知新的目的,常用的有检查作业和引导复习两种方式。这一类型的导入较为简单,易于设计,针对性强,但也往往会失于自然,所以要注意着眼点不在温故,而在知新。

2. 表演型

根据教学内容,教者设计动作表演,从而准确切入主题。

3. 改造型

一般来说,现行教材的内容与学生的生活实际比较接近,但也不能排除例外。可对现行教材适当改造。

4. 谈心型

教师从和学生谈心开始,谈思想、谈生活、谈学习,学生会感到亲切自然。教师应从询问学生们英语学习过程中的困难谈起,进而点出明确学习目的、选择正确的学习方法的主题。

5. 故事型

教师利用学生强烈的求知欲望,给他们讲一些伟人的故事或幽默故事,往往会有事半功倍之效。如讲一个伟人学外语的故事,如十九岁的恩格斯使用二十多种语言的故事,毛泽东船头学习英文的故事或胡志明伦敦求学的故事等,很容易激起学生的热情。

6. 问题型

设计一两个简单而又有启发性的小问题往往会来得更直接。

7. 偶发事件型

利用课堂上的偶发事件导入往往会收到意想不到的效果。这要求教者善于捕捉并果断处理。

8. 环境利用型

为培养浓厚的外语气氛，对教室进行一些简单的布置是必要的。这种布置要充分考虑其实用价值。如我们的教室有世界地图、中国地图和奥运图片等。

9. 电教媒体型

通过电教媒体的直观效应设计出相应的交际场，或录像、或录音、或摄影，可使学生刚开始上课便进入教者所设计的境界。这是最为理想又十分便捷的设计。我相信那优美的旋律伴着精彩的移动画面，会打动所有在场者的心。

10. 直接型

有时不要开场白也不失为一种风格。开宗明义，教者登台第一句便是"In this period we'll ..."。尤其在复习课、练习课上，这种导入更为常见。

以上所举十种，难免以偏概全，肯定还有许多更为精彩的设计。不管怎样，教者都应做到：

(1) 不是演戏，而是生活。教者本人要首先进入角色，用真心去感染他人。如果教者在演戏，学生必然要当观众；如果教者认认真真地生活，学生便会与你共享。

(2) 不囿于教材的设计，要驾驭教材。唯此才可使学生不做印刷符号的奴隶，教者也才可取得主动。

(3) 不为设计而设计，要使设计服务于教学法。离开了设计的这唯一目的，任你的设计有多精彩也没有实用价值。教学是严肃的，任何时候都来不得半点虚假。

(4) 不要失去自我，要体现个人风格和特色。一位教师的绝妙设计对另一位教师来说可能会糟糕透顶。

本文只就课堂导入的设计提出一些粗浅的看法，作为引玉之砖。

我眼中的任务型教学模式

任务型教学(Task-Based Learning,简称 TBL)是 20 世纪 80 年代外语教学研究者经过大量研究和实践提出的一个具有重要影响的语言教学模式。该模式是 20 年来交际教学思想的一种发展形态,它把语言运用的基本理念转化为具有实践意义的课堂教学方式。

语言学习的任务是指有目标的交际活动或为达到某一具体目标而进行交际活动的过程,教师围绕特定的交际目的和语言项目,设计出可操作性强的、任务化的教学活动。学生通过多种语言活动完成任务,达到学习语言和掌握语言的目的。

学生是学习的内因,教师和学习环境等外因的影响只能通过学习主体的积极参与和内化而起作用。任务型教学充分体现以学生为中心和以人的发展为本的教育理念,它可以根据学生的不同水平设计不同的任务活动,让学生通过与学习伙伴合作去完成任务,从而最大限度地调动和发挥学生的内在潜力,提高其发现问题和解决问题的能力,并发展其认识策略,培养其与人共处的合作精神和参与意识,还可以让学生在完成任务的过程中体验成功的喜悦,实现自我价值,这也是全面实施素质教育的根本要求之一。

美国语言学家赫伯特·克拉克(Herbort H. Clark)(1996)说:"Language is for doing things."教师应当教会学生用恰当的语言把要求做的事情做好。词汇和语法都是为"做事情"并"完成任务"服务的,课堂上教师的任务就是在语言运用的活动中把词汇、语法和功能项目有机地结合起来。教师应根据学生的特点,灵活运用教材,为学生创设生动的与其生活相关的任务型活动,以此激发学生的学习热情。无论是情景对话、讲英语故事、英语演讲、做游戏等直接交际,还是收看收听英语材料,阅读英语文献,上互联网等间接交流,语言素材要尽可能真实、地道、典型,来自真实生活的需要,符合人们的生活实际,以便学生在真实生活中真正地参与、真正地操作,用英语去完成真实的生活、学习和工作等任务。只有这样,学生才可能产生真实的体验,感受到情景和任务的真实,英语综合运用的能力才可能得到真正的提高。

师友互助　合作共赢

“三先三后”和谐教学模式倡导师友互助，合作学习。小组合作学习以合作学习小组为基本形式，系统利用教学中动态因素之间的互动，促进学生的学习，以团体的成绩为评价标准，共同达成教学目标的教学活动，是当前普遍采用、行之有效的一种教学方式。

“三先三后”和谐教学模工的基本理念：自主探究，师友互助，交流提升，合作双赢。

一、小组建设

1. 利用班会、专题会对小组学习进行培训

教师应统一认识，让学生认识到小组学习有利于学生学习、表达、思维、合作、交流等综合素质的提高，更能培养学生的可持续发展能力。

2. 班主任和任课教师对学生分组培养

班主任和任课教师应认真分析学生综合表现，根据学生的智力水平、认知基础、学习能力、学习习惯、心理素质、兴趣爱好、性格因素、性别搭配、交往能力等，把学生分为一、二、三、四共 4 个等次。

(1) 初步划分。按“一—三，二—四”的均衡标准进行结合，初步划分。一般按照成绩或按照能力来选择师傅，还可以自荐或者全班民主投票。对七年级新生来说，这可由班主任直接分组，然后将小组划分表格交给各任课教师。

(2) 构建“组中组”。遵循“组间平衡、组内差异”的原则进行小组归大组，师友(同桌)互助的 4～8 人合作(七年级一般 4 人组，八、九年级一般 6 人或 8 人组)，即由原来的一对一师友两人组，两两结合形成四人组，两位小师傅根据民主推荐分别为组长和副组长。以师友互助前后两排为单位划分为一个大组，每组 4 人或 6 人，正副组长固定(可轮流)，组内成员基本固定，组内每人都要有管理任务。

(3) 座位安排：按学生的学习基础按等级均衡结合、排位，基本做法是：小号坐中间，大号在两边。合作时做到一对一、四合一、八连体。座位：友—师，师—友，友—师，师—友，师友横向排座，师傅与师傅前后挨着。如图 1 所示。

图1　座位安排

这样的座位安排能避免优质资源浪费，更利于学生间的群学。

（4）小组凝聚力培养。小组成立后要从方方面面，让学生认识到在今后的学习、生活中，我们都是一个小集体。

① 小组命名——让小组有个代号，是让小组形成凝聚力的第一步。名称要求短小、好记、积极向上、有意义。

② 制定组规——让小组制定自己的规定，要求做不到不要写。同时制定自己小组的目标和口号。

③ 小组海报——照小组照片，设计有个性的宣传海报。在制作海报的过程中，小组成员形成小组的意识。

④ 启动仪式——找空闲时间，各组代表向全班讲解自己的组名含义，介绍小组的规定和目标，请其他各组同学监督，介绍自己组海报的设计意图，介绍后张贴在教室内。

（5）动态管理，小组整体稳定，定期轮换，周期以一周为宜。师友搭配是动态的，对于表现好、学习有进步的学友可以调整他为师傅。在月考、期中考试后，班主任与任课教师根据学生成绩重新分类，确定师傅、学友，重新分组、排座。调整之前做好思想工作，师傅不仅仅要会做题，还要学会分析题、理清解题思路，学会如何把例题、习题同更多的题相应的知识点、拓展点联系起来，如何梳理知识结构形成系统等。

二、师友分工

1. 磕兑责任

（1）师傅的主要职责是教会学友学习，督促、管理学友学习常规，培养学友好的学习方法和技巧，帮助学友创新思维、激发灵感，对学友的思想、行为、学习、纪律等方面全面管理。课上课下，师傅要会讲、善讲，成为名副其实的师傅。

（2）学友接受师傅的全面管理，及时向师傅汇报情况，不但要接受师傅的学习指导，更重要的是要和师傅共同学习、共同探究，形成好的学习习惯，增强学习的信心。学友发挥自己的特长，显现自己的优势，及时弥补自己的不足，不断提升自己的能力和素质。

2. 强化培训

(1) 思想意识培训:教育学生明确合作互助的重要性,领悟到师傅和学友两人是一个“动力组”。让师友两人明白互助学习过程中履行职责的好处和必要性,让他们愿意履行职责。通过角色采访、角色轮换、经验介绍等各种方式让学生明白以身作则、理解别人、诚信待人、互助共赢的必要性。

(2) 教学方式培训:集体培训一般是老师示范,学生模仿。通过讲解互助学习的职责分工、具体规则和机制,明确如何互助;或者学生当堂讲题,其他同学补充、纠正、点评,经统一认识后,师傅再给自己的学友讲。教师要教给学生教学的方法和注意事项。

(3) 课堂个别培训:老师与学生一对一或一对几的培训。

(4) 专题培训:老师利用课间或其他时间对学生进行集体或个别的专项培训。

① 专项培训师傅:学习方法、技巧、思维走向,教学方法,良好习惯,健康心态,品德行为,如何给学友讲题,何时给学友讲题,如何指导学友讲题,课堂如何管理督促帮助学友,课外如督促管理帮助学友,如何做学友的思想工作,自己碰到解决不了的问题怎么办。

② 专题培养学友:培养如何与师傅合作交流、如何模仿、如何培养好的学习习惯。

③ 专题培训师友:定期选择优秀的师傅和学友进行经验交流,谈谈师傅如何培养学友,学友如何适应并且超越师傅,师友如何互助,如何发挥专长,利用班会主题“师友心与心交流”“帮助别人就是帮助自己,尊重别人就是尊重自己”,开展“我给师友写封信”和互助学习案例征集活动,培养师傅的责任心,培养学友上进心。

④ 在师友擅长的科目上可以进行角色轮换。

三、组长与课代表

1. 组长与组员分工

组长:可固定、可轮流。组长要负责各项工作的分配,给各个组员评分。班主任需要重点帮扶组长,定期给他们开例会。优秀的组长有利于合作学习的开展,更有利于班级的整体管理。

组内人员:每人都要有管理任务,任务要轮流。如:一人负责收作业,课代表评比小组作业上交情况。一人负责小组评比计分,定期向课代表汇总。一人负责日常卫生,卫生委员负责评比。

2. 课代表的作用

加强课代表的职能,有利于各学科合作学习的管理。

① 课代表评比各组交作业的数量、速度、质量情况;反馈给任课教师,对优秀小组进行表扬,对问题小组给予关注。

② 课代表工作由学习委员负责管理、评比。定期由学习委员负责召开课代表例会。

③ 一些合适的课型,可以由课代表负责组织。

四、建立规则

1. 互动规则

(1) 倾听插话:努力听懂别人的发言,记住要点,善于捕捉对自己有利的信息加以整理。别人发言时候要虚心倾听,适时插话。学会换位思考,当两人意见不一致时,不要急于作无谓的争执,应设法拿出事实来证明自己见解的正确性。

(2) 荣辱与共。必须师友二人都举手才有回答问题的资格,这样就要求师傅必须教会学友。

(3) 不懂就问。从敢问到会问需要一个过程,只有多问勤问,才能实现质的飞跃。

(4) 不包办代替。发挥学生的自主性进行自我教育、自我提高、自我反馈、设计的训练题目要有梯度。可分必做、选作和思考题三类:

必做题:针对所有学生,务必全部会做,师傅负责学友全部掌握。

选做题:在必做题的基础上完成,这种题型一般是良好的学生都能会做。教师应鼓励较弱的学生去做,师傅需要和学友互助解决,并且尽力教会学友做。

思考题:针对特优生的是高难度的题目,是培优的需要,不排除其他同学参与完成。在时间允许的情况下,师傅可以鼓励学友尝试挑战思考题,师友互助共同尽力解决。

2. 交流原则

(1) 学会用两种声音说话:师友互助交流时声音要小;全班交流时,声音必须洪亮,口齿清晰,要展现出对问题的理解透彻度。

(2) 交流程序:学友→师傅→学友→师傅→教师。

(3) 规范用语:交流过程中用语要规范,不仅要说明答案,而且要说明解决思路和解题方法,应该注意的问题及该题中得出的规律等。

(4) 解决问题：能独立完成的问题，就不要交流；需要互助交流的问题，尽最大可能在师友间解决；不是疑点、难点、重点的问题，尽量不在全班进行展示。

师友交流四步法：一看，先自学课本，查阅相关资料；二问，师友把自学过程中出现的问题互相提出；三助，师友间互相帮助，想法解决疑难问题；四提，师友交流中还不能解决的问题提交全班交流时解决。

3. 展示规则

(1) 分工明确，密切配合。小组(师友)共同展示一个问题，或学友解答诵读，师傅评价补充，或师傅样板展示，学友学习模仿，或是共同表演某个片段，或是尝试完成同一项实验。

(2) 大胆发言，敢于质疑。鼓励学生敢于质疑别人的见解，敢于表述自己的观点。

(3) 表述清楚，落落大方。对学生展示的仪容仪态、语言表达、方式方法进行指导，做到有礼有度，学会尊重他人，又不盲从他人。

(4) 内容适度，及时评价。展示的问题，尤其是上台展示的问题，内容不宜过少，难易适度。师友展示时，不要打断其展示，要耐心听完之后再作评价或纠正、补充。

(5) 适当讨论，多层展示。避免刚一提出问题就让学生讨论，学生缺少思考的时间。避免学生讨论交流深度不够，思维刚进入状态，就被强行打断，以致在思维中形成“半拉子工程”，不利于培养学生思维，讨论效果很差。在鼓励弱势学生发言的同时，可限制优势学生发言次数和时间，提高发言质量，限制强势同学独霸课堂，多提供机会给学友。

4. 教学相长

(1) 动静协调。静即学生照单(自学任务)进行自读、自思、自问、自答、自练、自查；动即学生针对某一问题进行“互助学习”，开展互学、互练、互帮、互议、互查、互评活动。

(2) 提问到组。将小组合作当成习惯而不是表演，眼里有小组而不是个别优生。有效提问十戒：专叫优等生，省时省力；专问差生，哪壶不开提哪壶；以问代罚，为难学生；不给时间，突然发问；模棱两可，节外生枝；越俎代庖，自问自答；不置可否，不给评价；大而无当，无从作答；多而烦琐，串讲串问；问答如流，表面开花。

(3) 重视评价。在加分方法上，每一个模块都要跟上加分，宜采用分档加分法：1A：0.1，2B：0.2，3C：0.3，4D：0.4，并强化结果的使用，将分数加入周评。

(4) 精当点拨。注意不是所有的问题都是可以探究的,适时选择合作。要求做到:

三讲三不讲:讲易混、易错、易漏的问题;讲学生想不到的问题;讲归类提升的问题。不讲学生已经会了的问题;不讲学生自己就能学会的问题;不讲教师讲了学生也不会的问题。

三要三不要:要及时反馈,要堂堂反馈,要节节落实;不要搞形式,不要有无效教学环节,不要齐步走。

四动四不动:学生要发动、活动、激动、行动,但不要骚动、躁动、浮动、瞎动。

四和谐四不和谐:和谐自主而不自由,和谐放手而不放任,和谐互动而不浮动,和谐互助而不无助。

五体现五不准:指导学生要体现启发性、差异性、结构性、规律性和拓展性。不准简单重复;不准机械照搬;不准琐碎设问;不准一刀切;不准信口开河。

五、评价方法

1. 计分评价

学生课堂活动的每个模块都要跟上加分,以鼓励学力较弱的学生。分层计分:1A,0.1;2B,0.2;3C,0.3;4D,0.4。

每一节要汇总、反馈,建立各班各学科记录本。

每一天的分数要汇总并画在"周结月累"表上。

每一周要评选出金、银、铜牌小组,挂在班外宣传栏里,可以登出小组照片。

每一月评选出各班冠军组,小组照片登在学校橱窗内。

教师可将小组一周成绩汇总折合成分数记录到周考成绩里去。将小组积分按比例,记入个人学习成绩排名,促使我们不仅仅以学习成绩高低去单一地衡量学生,从而促使学生全面发展;同时,能使得学生更注重学习的过程以及行为习惯的养成。

2. 激励措施

(1) 拇指激励法:爱的鼓励伸出一个或者两个大拇指。

(2) 语言激励法:多赞美。

(3) 电话激励法:与家长沟通汇报进步情况。

(4) 评语激励法:在单元试卷上写下激励或者感恩的话。

(5) 当堂激励法:每堂课评选黄金搭档、钻石搭档。

(6) 课后激励法:定期召开师傅、学友座谈会,介绍优秀经验做法。

(7) 作业激励法:作业本上印笑脸标记,试卷上写激励性评语,鼓励学生进步。

(8) 喜报短信激励法:向家长发喜报或短信进行激励。

(9) 榜样激励法:教室设置光荣榜,主题班会上优秀师友发言,班刊上分享经验。

(10) 优秀师傅带动法:让评出的优秀师傅带一名师傅,课间辅导讲题技巧,分析问题的方法。

(11) 目标激励法:梳理师友共同奋斗目标,包括短期和长期目标;对师傅设置师傅、优秀师傅、十佳师傅的目标体系,对学友设置学友、优秀学友的目标体系,鼓励学生奋斗。

(12) 评出的优秀师友作为评选三好学生、学习标兵的参考依据之一。

建立监督检查机制:课堂上,互相监督纪律,及时掌握当堂情况;课间,师友交流思想,查缺补漏;休息日内,师傅电话抽查学友利用时间情况;班干部、班级学习委员记录典型事例,由课代表具体掌握师友互助情况;教师及时与班主任沟通协调,反馈师友互助情况;班主任每天放学时对班级师友互助的典型事例进行总结,每月公示最佳拍档,学友犯错误的师傅月考核降级。

3. 家长联系机制

建立家长联系本、微信群、QQ 群等,充分与家长联系,合作监督。

4. 教学评价中应注意的问题

(1) 不仅评价知识的掌握,更注重对互助合作学习过程中表现的人文精神进行评价。

(2) 师友互助采用捆绑式评价,不仅要评价个体,还要对师友行为进行共同评价,以增强师友互助的时效性,比如对师友两人总的学习等级在一定阶段内的升降进行评价。

(3) 课堂上要注意引导学生自我评价、相互评价,包括举手发言、课堂纪律、解题正确、质疑提问、个人参与和师友互助合作等方面,鼓励学生积极思考、踊跃发言,回答问题有创意,师友学习中学会聆听,学会尊重,学会互助合作。

(4) 多元化评价、课堂评价、课外评价相结合,过程性评价与总结性评价相结合,教师评价和学生评价相结合。

(5) 要将评价结果纳入学生成长档案、师友发展档案,作为学生学期学年、毕业升学总结评定考核表彰的重要依据。

也谈如何培养学生说英语

英语初学者往往因为自身及大环境等原因，羞于出口表达，甚至怕出错而不敢表达。如何从七年级起始阶段加强英语说的能力培养呢？我认为从以下几个方面着手会有更大的收获。

一、培养学生大胆说英语的习惯

初一学生刚开始学英语时，如果教师注意采取各种方式培养学生兴趣，很容易就能够使学生积极性高涨起来。英语教师首先就要保护学生这种积极性。随着时间的推移，学生这种积极性会慢慢下降，产生害羞心理，这种害羞心理的表现是不敢开口讲英语。教师应帮学生克服这种心理障碍，鼓励学生大胆说英语，增强学生的自信心。

二、加强朗读训练

朗读是进行自由表达的一种有效的准备。学生积累了一些英语文章后，在朗读这些文章时，可以细细品味文章，体会抑扬顿挫的语音语调，从而提高自己的英语语感。在朗读的过程中，应尽量融入文章的意境中，体会文中的各种场景、各种角色。通过朗读还可以训练发音、帮助记忆。

三、加强口语表达的训练

在进行口语表达之前，可以让学生先将自己的思绪整理一下，写出讲话提纲，比如可以写下中心问题和关键词，减轻记忆的负担；同时分析听者与自己的关系、角色、立场等。此外，还应对他们谈话的效果有一个初步的预测，如果出现交流障碍或意见不一致的情况，应有一定的应对措施，交流起来做到“心中有数”。另外，口语表达能力也可以通过听力、阅读和写作得以提高。

四、加强固定表达方式的收集和整理

为了达到表达自如的目的，有必要指导学生借助一些固定短评、表达方式来流畅、正确地传达自己的意图。这些表达法可以帮助学生在不同的交流场合适度恰当地表达，促进学生口语表达的流畅性和自信度，加强学生对基本知识的记忆。

五、让学生主动参与口语交际

首先，在课堂上通过表演、游戏等方式让学生参与到活动中来。对于英语学习来说，沉默并不是金。因此，可以让学生寻找一个较为固定的学习伙伴，鼓励学生与自己的伙伴经常随时随地自由交流彼此的兴趣、见闻、计划、幻想和意见，对学习内容进行总结，一起做各种游戏等等。通过这些方式，让学生经常体会到“学而时习之”的乐趣。

六、采用多种练习形式

有很多练习形式可以帮助学生提高口语表达能力，口语练习无须做太多物质上的准备，只要有兴致和时间，随时都可以进行。练习形式如对话、做短报告、采访、讲故事、讲笑话、角色游戏、演短剧等等。

英语课堂教学中有些东西不能丢

人生是何其的短暂!

当我们回想我们的纯真时光,当我们回忆我们的青葱岁月,都恍如昨日。可是我们却不得不成长,不得不成熟,不得不衰老。有些东西就这样在不知不觉中丢失了,不仔细找寻就看不到踪影。

从踏上三尺讲台到今日,我已经在教育这片热土地耕耘了近20年。激情已经随着岁月慢慢地消退,当年的那种上进心和意气风发的魅力也似乎有所消失。

我这两年的教学成绩有时不是很理想。每当看到不理想的成绩我总会习惯性地找一些客观的理由为自己开脱:班里学生基础不好,分班本来就不是绝对的平衡……

是的,我可以把理由说给别人听,寻求到的是心理上的自我安慰。但是我能说服我自己吗?如果我连自己都说服不了,别人听了我祥林嫂式的啰唆,也会心里暗笑吧。而且,我自己心里比谁都清楚:即使找到理由说服了自己也说服了别人又如何,现实是我不得不面对的。

直到有一次听了东庐中学的卢敏老师和我校于秀娟老师两位女老师的课,我感触真的很深,内心也由原来的沉甸甸一下子豁然开朗了。我慢慢找回来了曾经拥有不知不觉丢失的一切。

一、热情和爱心不能丢

当老师的首先要有一腔对教育和学生的热爱。这种热爱是我们做好教育工作的源泉和核心。刚参加工作的时候,我们都年轻,对工作充满了热情和干劲,由于和学生之间的年龄差距小,也很乐于和学生沟通。那时的我们虽然没有工作经验、缺少工作技巧,可是由于有了对工作的热爱和学生的爱心,我们依然深受学生喜爱,稍一努力我们的成绩就可以快速提高。最近几年,由于工作时间长了,工作的热情少了,对学生虽然依然有爱心却很少表达了。因此,虽然我们积累了比较丰富的教学经验,虽然我们很讲究教学方法和技巧,可是很多时候我们力不从心。原因大概就是我们丢掉了我们内心深处的爱吧。

二、游戏不能丢

鲁迅曾经说："游戏是儿童最正常的行为。"高尔基更是强调："游戏是儿童认识世界的途径。"曾几何时，游戏也是我课堂的一部分：男女生比赛，对话表演，英语小短剧，英语歌曲欣赏……可是现在呢？课堂上大多剩下了枯燥的知识点讲解，年少的孩子们怎么能不感到厌倦呢？

听卢敏老师和于秀娟老师的课的最深感受就是他们的课堂充满了孩子的乐趣，小组大比拼，老师那优美悦耳的英语歌曲，活灵活现的现场采访……我平时总是抱怨自己的课堂太过死气沉沉，看完这两位老师的课堂我才明白：课堂之所以压抑的根本原因是忽略了孩子的天性。

三、微笑和表扬不能丢

在两节课中，两位美丽的女老师始终面带微笑，表扬之声不绝于耳：Good! Clever! Well done! ……即使学生答错了，甚至起来之后答不出来，两位老师也是微笑着，给他们鼓励。美国心理学家威廉·詹姆斯告诉我们：人性最深切的渴望就是获得他人的赞赏，这是人类之所以区别于动物的地方。苏联教育实践家和教育理论家苏霍姆林斯基也说：有时宽容的引起的道德震动比惩罚更强烈！然而，当老师久了，我们的经验丰富了，也练出了火眼金睛，学生哪怕一点点的缺点都逃不过我们的眼睛，于是乎我们总是不停地批评学生、教育学生。可是结果是我们越教育，学生越叛逆；我们说得越多，学生做得越少。这两个老师为学生呈现了几近完美的英语课堂，更为我们上了很好的一节课。

听课带给我的启示很多，我还要细细体味，再慢慢地把我丢掉的一切找回来！

英语试卷讲评中的几点体会

教学过程是在教师的指导下，学生认识客观世界的动态过程。教师怎样去调控这一过程，使之得到优化呢？笔者认为，主要是通过教师和学生之间的信息联系和反馈来实现的。而考试后的试卷讲评是这种联系和反馈的重要而且可靠的手段之一，尤其在复习阶段，做好试卷讲评显得更为重要。有的教师认为复习中试卷的讲评是一种枯燥无味的机械劳动，于是干脆直接将答案公布给学生。本人不敢苟同，复习中试卷的讲评大有学问。下面就英语复习中试卷的讲评，谈谈笔者的几点做法和体会。

一、要明确试卷讲评的特点

讲评试卷除遵循一般的教学原则外，与其他教学环节相比较，还具有自身特点：

(1) 突出针对性。教师要明确学生在知识和思维方面的薄弱环节，找出复习中出现的具有共性的典型，针对导致错误的根本原因及解决方法进行讲评，而非只注重答案是什么。另外对内涵丰富、有一定背景的试题，即使这个题目解答无错误，也应以它为例并对它丰富的内涵和背景进行针对性讲评，以发挥试题的更大作用和拓展学生的知识视野。尤其在讲解有关中西文化差异的典型试题时，教师进一步的知识挖掘，不但会增加学生的知识，更会培养学生学习英语的兴趣。

(2) 强调层次性。讲评是全体师生的双边活动，但不同学生存在的问题不尽相同，因而要调动各层次学生都积极参与讲评活动，使每位学生都有所收获。这就要求教师从整体上把握讲评的层次性，使试题层次与学生层次相吻合。即我们平时讲的：让优等生吃好，让中等学生吃饱，让基础差的学生吃到。这样才不会出现试卷讲评时的冷场现象。

(3) 注意新颖性。试卷讲评涉及的内容多是学生已学过的知识，但评讲内容决不应是原有形式的简单重复再现，必须有所变化和创新。在设计讲评方案时，对于同一知识点应多层次、多方位加以解剖，同时注意对所学知识进行归纳、提炼和升华，以崭新的面貌展示给学生，让学生感到内容新颖，学有所思，思有所得。例如，在讲解以“o”结尾的名词变复数加(es)时，我们可以形象地说：两个黑人(negro)英雄(hero)，左手拿着西红柿(tomato)，右手拿着土豆(potato)。学生们在笑声中一下子明白了这几个常见词。

(4) 讲究激励性。处于青春期的中学生，在情绪方面经常表现出强烈的两极性，尤其是在一场考试后常会引出一些意想不到的结果。因而试卷讲评时切不可忽视各类学生的心理状态，要用好激励手段。对各种优点的表扬要因人而异，让受表扬者既有动力又有压力；对存在的问题提出善意批评的同时，应包含殷切的期望，使学生都能面对现实，明确目标，振作精神，积极地投入到下一阶段复习中去，力争下次考出理想的成绩。

二、要注意试卷讲评的方式

试卷讲评的方式是由试题的内涵和外延所决定的，一般说来，主要有以下几种：

(1) 设疑引导的诊断性讲评。这种讲评主要针对考试中出现的有共性的典型错误，通过讲评查“病情”找“病源”，从而达到提高学生辨析能力的目的。在讲评上吸引学生积极参与，教师通过提问、设疑，帮助学生弄清楚错误根源。教师引导和调动各层次学生积极参与讲评，有效地理顺学生对题意的复杂头绪，使难题迎刃而解。

(2) 典型解剖的发散性讲评。发散性讲评针对试卷中具有较大灵活性和剖析余地的典型试题作进一步“借题发挥”，引起学生思维的发散、思考视野的开拓。发散性讲评倡导一题多解，倡导从多角度思考分析问题。同时重视介绍解题者运用了哪些技巧和方法，进行了怎样的分析才完成知识的迁移。

三、要帮助学生养成对试卷的正确认识

有人把试卷看成是一张一张的网，每次考试都相当于在捕鱼。如果发现有鱼从渔网上漏掉，就要及时修好渔网，下次捕鱼时才不至于有鱼再从这个洞里漏掉。学习知识也是这样。有的同学做题只重数量不重质量，做过之后不问对错就放到一边，这种做法很不科学。做题的目的是培养能力，是寻找自己的弱点和不足的有效途径。俗话说“吃一堑，长一智”，多数有用的经验都是从错误中总结出来的。因此，发现了错误及时研究改正，并总结经验以免再犯，时间长了就知道做题的时候应注意哪些方面，出错的机会就大大减少了。如果平时做题出错较多，应整理“错题笔记”或在试卷上标记错题，在旁边写上评析，然后把试卷保存好，每过一段时间，就把“错题笔记”或标记错题的试卷看看。

四、要帮助学生养成良好的心态

讲评中要告诉学生，考试是一门学问，要想取得好成绩，不仅取决于扎实的基础知识、熟练的基本技能和过硬的解题能力，而且取决于临场的发挥。要把平常的考试看成是积累考试经验的重要途径，从心理调节、时间分配、节奏掌握以及整个考试的运筹诸方面不断调试，逐步适应。因此考试时首先要调整好心态，不能让试题的难度、分量、熟悉程度影响自己的情绪，力争让会做的题不扣分、不会做的题尽量得分；然后认真、仔细读题、审题，细心做题，规范答题。另外在平时做题时也应做到想明白、说清楚，即注意思路的清晰性、思维的严密性、叙述的条理性、结果的准确性。

五、要帮助学生提高应试技巧，调整应试策略

每次考完试后，学生应认真总结，教师也要尽可能讲评到位。尤其针对学生存在的问题，教师应在提高应试技巧、调整应试策略方面有重点、有针对性地帮助学生。教师要明确地告诉学生满分卷是极少数，绝大部分考生都只能拿下部分题目或题目的部分得分。因此，实施“三先三后”的应试艺术是明智的选择。

(1) 先易后难。先做简单题，再做复杂题；先做 A 类题，再做 B 类题。一般来讲，英语试卷的单项选择题相对于阅读理解和完形填空来说比较容易，学生可以选择这类题目先做，可以更快地进入答题状态。

(2) 先高(分)后低(分)。这里主要是指在考试的后半段时要特别注重时间效益，如两道题都会做，应该先做高分题，后做低分题；到了最后十分钟，也应遵循这一原则，以增加在时间不足前提下的分值。

(3) 先同后异。考虑先做同类型的题目，比如先集中做 A 卷的选择题，这样思考比较集中，知识或方法的沟通比较容易，可以避免“兴奋灶”过急、过频和过陡的跳跃，有利于提高单位时间的效益。

但三先三后，要结合实际，要因人而异，谨防“高分题久攻不下，低分题无暇顾及”。

另外，考试中学生在试题的选做上应该立足中下等难度的题目，力争高水平的题目。平时做作业，都是按所有题目来完成的，但考试却不然，只有个别的同学能交满分卷。因为时间和个别题目的难度都不允许多数学生去做完、做对全部题目，所以在答卷中，中下题是考生得分的主要来源。学生能全部拿下这些题目，实际上就是打了个胜仗，有了胜利在握的心理，对攻克高档题会更放得开。

除此之外，考试过程中，学生还要注意以下两个方面：

(1) 立足一次成功，重视复查环节，不争交头卷。答卷中要做到稳扎稳打，字字有据，步步准确，尽量一次成功，提高成功率。试题做完后要认真做好解后检查，看是否有空题，答卷是否准确，格式是否规范，尤其是要审查字母的大小写、标点符号是否写错。在确信万无一失后方可交卷，宁可坚持到终考一分钟，也不做交卷第一人。

(2) 杜绝负面的心理自我暗示。首先对英语试卷不要抱有放弃的想法。有些同学认为英语考差一点没关系，只要在其他科上多用功就可以把总分补回来，这种想法是非常错误的。我们都明白“木桶原理”：一只木桶盛水量的多少取决于它最短的一块木板。考试也是如此，只有各科全面发展才能取得好成绩。在遇到不会的题目时不要有“我肯定没希望了”“我是学不好了”这样的暗示，而要对自己始终充满信心：这题确实难，其他人也不会！

试卷的讲评还有许多值得我们去研究和探索的方法。在这里还要补充说明一点，那就是无论怎样去讲评试卷，我们教师首先要有一颗温暖的爱心，去鼓励学生每次的进步，去包容学生偶尔的错误，让学生在教师春风化雨般的谆谆教导中逐步走向成功。

影响初中听力水平的因素及对策

作为交际工具的语言首先是一个有声系统。在英语学习的听、说、读、写这四种基本技能中，听是获得语言信息及语言感受的最主要的途径，是提高其他技能的基础。有研究表明，听占整个言语交际活动总和的45%。由此可见，训练听力有助于全面提高学生的英语交际能力，英语教师必须对听给予足够的重视。但目前英语教学中没能解决好这个问题，因此，学生普遍能对笔试得心应手，而对听力考试却望而生畏。为什么听力理解如此“难”呢？笔者认为由下列原因造成：

一、语言基础知识的障碍

听力是听和理解的总和。听力理解的过程是人们运用各种知识和技能的过程。在听的过程中，学生对语言基础知识掌握程度的高低决定了听力理解及反应速度的差异。这主要表现在以下几个方面：

1. 读音障碍

有些学生一开始就没有掌握每个单词的准确发音，长此以往，特别是对发音相近的词，不能正确辨认一些易混淆的音素，如 think-thank，sea-she，house-horse 等。

2. 语速障碍

学生的英语课文磁带语速较慢，有些英语教师讲课语速也偏慢，久而久之，学生形成了习惯，遇到正常或稍快语速的听力材料就不能适应。如再遇到一些浊化、连读、弱读、重读、失爆、重音转移等语音语调变化，更是无所适从。

3. 英美语音差异

英美英语除了在词汇上的差异外，在读音上也不尽相同。有些读音差别还相当大，如 either、white 等。我国英语教学过去基本上采用英国语音教学体系。随着对外开放，美音教材逐渐增多并有流行趋势，有些学生因不熟悉英美语音差异，就产生了听力障碍。

4. 词汇障碍

学生英语词汇量的大小、掌握的熟练程度及一词多义和同音异义现象，都给学生听力理解造成一定困难。

二、汉语干扰的障碍

许多学生在听到一段语音信息后，常受母语干扰，习惯用中文逐词逐句翻译，而不能直接将语音信息转化为一定的情景，不能直接用英语进行思维，多了个中间环节，因而影响了反应速度和记忆效果。此外，由于汉语句子结构、词序等与英语存在很大差异，所以学生依赖汉语来理解句子不仅速度慢且容易造成理解错误，不能做到听音会意，破坏了直接反应，而且听的时候精力集中于心译，无暇顾及领会其内容，更谈不上捕捉言外之意。对于一些较长的不含汉语习惯的句子，心译就犯难了。如：He has never been to the city again that he lived 10 year sago. 学生听到这句话时，既要考虑时态，然后再领会其意，速度自然就慢得多，而且容易理解错。

三、东西方语言文化背景知识的障碍

语言是所属文化的一种表现形式，把英语作为外语来学习的学生必须具备一定的英美历史和语言文学知识，还需了解和熟悉一些英美国家人民的生活习惯、文化背景、风土人情及生活方式。不少中学生由于缺乏这方面的知识，听力理解便产生一定困难。如一些听力材料中常会出现 Christmas Day，April Fool，学生如对西方的圣诞节、愚人节等不甚了解，那么对于语言的理解会大打折扣。再如，英国人见面要打招呼的方式常以谈论天气为主，而中国人则询问吃饭了吗，在哪里工作了等。

四、个人心理因素的障碍

听力理解的过程也是一个较复杂的心理活动过程。心理学告诉我们，当人的情绪处于紧张焦虑状态时，原来可以听懂的内容也大打折扣。另外，外部环境对学生也有较大的影响，环境的变化会使学生在心理上产生相应的变化。对于同样的听力内容，学生在教室里听教师授课和在考试中做题时心理准备和活动方式是不一样的。而多数学生又不善于调整心理变化，从而造成听力理解上的困难。另外学生在听时的情感因素和听力理解的有效程度也有直接的联系，如果学生听的目的明确并有强烈的欲望，其效果就好。反之，如果学生对听力活动不感兴趣，会产生心理抵触和厌倦情绪，势必造成听力困难，从而影响听力水平的发挥。

通过以上分析可以看出，听力过程不仅与听者的语言知识掌握程度有关，而且与听者所具有的文化、心理素质等也有密切关系。那么如何才能提高学生的听力水平呢？除了平时注重加强语言基础知识训练外，笔者认为应从以下几个方面着手：

一、努力创设英语环境，培养听的习惯

在课堂教学中，教师首先应尽量用英语教学，并由浅入深反复训练，在有限的时间内尽可能地让学生多听英语，多感受语言信息的刺激。运用英语教课还有利于学生集中注意力，锻炼其感知能力，培养想象力和思维能力。所有这一切能力的提高，必然对包括听力在内的综合素质产生积极作用。同时，在学习新教材前，教师应坚持让学生合上书本，听教师介绍课文背景知识及故事情节，然后听课文录音，并根据所听内容简要回答问题，最后再打开课本，这样能让学生养成仔细听的习惯。在听力训练中，教师应尽量多提供表示所学内容的直观形象，使听力教学情景化、交际化，培养学生英语思维能力，以排除母语的干扰。

二、重视技巧，提高听的效果

在听力教学中，教师要注意对学生进行听力技巧训练，这是提高学生听力理解水平的有效措施。所谓听力技巧，包括语音技巧和理解技巧。语音技巧包括连读、弱读、失去爆破音的长度、句子重音、意群划分等。而理解技巧是指所听内容的检索、预测、取舍等技巧。要教会学生，听音时要联系上下文全面理解和把握讲话人的思路，捕捉其中关键词语，正确分配自己的注意力，培养自己暂时记忆力，善于区别主要信息与次要信息，充分发挥自己的想象力，使自己的分析、归纳、综合能力不断提高。

三、诱发兴趣，增强听的动力

兴趣是学习的动力。对听力感兴趣的同学，课堂上积极主动、情绪愉快，听音效果必然好。教师在课堂上要创造一个轻松、和谐的气氛，努力消除学生因害怕、沮丧、反感而产生的心理障碍，并不失时机地向学生介绍与听力材料有关的背景知识，英美国家的历史、地理、文化、习俗、趣闻等，这不仅可诱发学生的听力兴趣，还可帮助学生正确理解所学内容。另外，教师还要采取灵活多变的听音形式，并把竞争机制引入听力教学，以激发学生的听音兴趣，调动他们的听音积极性。如在听力测试训练时，可采用抢答方式，看谁反应迅速并答案准确。适时给予激励性的表扬，这样，可以带动其他学生参与。

我的幸福反思

记得在学生时代就被老师告知“学而不思则罔”，后来又听说“吾日三省吾身”。工作后，偶尔看到叶澜教授曾提出这样的观点：一个教师写30年教案不一定有效果，但坚持写三年教学反思，一定能成为优秀教师。新教育实验的领军人物朱永新教授也开办了“教育保险公司”，公开承诺：一个教师坚持写十年教学反思，如果不能成为一位名师的话，教师可以向他索赔巨额保金。

的确，反思会让人进步。作为一名教师，尤其要注重教学反思。我们每天面对的是富有个性的鲜活生命，这些生命每天、每年都在不断发展变化，尤其是他们的内心世界更是五彩缤纷、波澜壮阔。如果我们再拿十几年前的教学方法来教育学生，会收效甚少，甚至还会事与愿违。即使我们用一年前甚至几天前的方法来处理同样的事情，也不见得取得同样的效果。在这种情况下，就需要教师不断学习、不断进步、不断反思、不断提升。

只有通过反思，我们才能知道自己的课堂到底存在什么问题，师生关系有哪些需要改进，教学方法如何去调整和完善。

“问渠那得清如许，为有源头活水来”，教学反思决不能缺少教育学、心理学等理论的支撑，所以教师要善于学习，学会正确分析和认识日常教学中遇到的各种各样的教学现象，解决教学中遇到的实际问题，使理论与实践相互支撑。

在这篇中选取本人从教以来部分教学中的感悟反思，与诸位分享。

教师不能做生活中的王鱼

教师的工作是神圣的，但又是清贫的。即使我们被誉为太阳底下最光辉的职业，也掩饰不了功利眼光对我们的不屑。绝大多数教师能够潜心教书，静心育人，但也有部分教师在外部物质世界的干扰下失去了奋斗的目标和动力。前段时间，在报纸上看到一篇文章《王鱼》，读后感触颇深，想与大家分享一下。

在浩瀚无边的太平洋中有一片叫布拉特岛的水域，里面生活着有一种奇特的鱼——王鱼。王鱼又分为两种，一种有鳞一种没有鳞。王鱼有鳞没有鳞全看自己的选择，这个太有意思了。

为什么这样说呢，因为王鱼有一种本领，能吸引一些较小的动物贴附在自己的身上。其实那不是鳞，只是一种附属物。当王鱼有了这种附属物后，便会比没有鳞的王鱼，最少大出四倍。

可怜的是，当王鱼到后半生时，由于身体机能的退化，这种附属物会慢慢脱离，使他重新回到原本较小的外形。

被剥夺了"鳞"的王鱼，是非常痛苦难堪的。它无法再适应这个世界，游动得也很不自然，有的甚至选择去自残，往岩石上猛撞，然后挣扎数日，死去。

人一生中很多情景，很像布拉特水域中的王鱼。自然法则是残酷的，是不以人的意志为转移的。王鱼的可怜，和多人经历了丢官的凄惨，尝到了"廉颇老矣"的失落，经历了世间种种的起伏而无法接受的现实很相似。一个人的高位、一个人的名誉，确实会使人变为另一种模样，比以往"高大"上数倍，就像王鱼。问题是它们并非永恒之物。王鱼的可怜，往往也是我们的可怜。很多人尝到了丢官的凄惨，尝到了英雄不再的失落，尝到了人世间种种低谷的无法接受。据说，世界上的一些耀眼政客，驰骋天下的英雄，显赫一时的名人、巨富，常常去布拉特岛观光，其实，他们真正的目的是去看王鱼，希望从中得到更多的领悟。

作为教师，我们的职业和职责决定了我们更不能做有"鳞"的王鱼，即使做不到"捧着一颗心来，不带半根草去"那么伟大，也要时刻铭记我们的职责与学生家长们的期望。

红歌赛有感(一)

2015年5月5日、6日下午，我校七、八年级以“唱响红五月”为主题的歌曲大合唱活动经过三个多小时紧张激烈的角逐，评选出了一、二、三等奖后圆满结束了，作为参与者，现将个人部分感想总结如下：

一、细节决定成败，高度决定远度

综观36个班级水平各异的演唱和形式多样的组织，不难发现，注重细节和定位高的班级都取得了优异的成绩。反观个别班级不拘小节，定位较低(甚至部分班级抱着重在参与的心理，我们欣赏这种豁达的同时，担心的是长此以往，学生会失去进取心，整个班级会呈现出一盘散沙的格局)，以至于和表现好的班级呈现了强烈的对比。例如，在七年级的比赛中，有三个班级演唱《歌唱祖国》曲目，但是令人惊讶的是三个班级都在同一处歌词处“抢唱”。如果班主任或音乐老师在平时训练中对于易错处注意纠正，如果乐队指挥在指挥演唱时给以特殊手势，如果大家都注意控制一下节奏，如果……任何一点对细节的留意都可以避免“抢唱”现象的发生。

二、畏惧困难就是毁灭进步

我校此次组织的“唱响红五月”歌咏比赛，分为必唱曲目和选唱曲目，必唱曲目为《奚仲中学校歌》，选唱曲目由各班级自定。绝大多数班级发扬民主，由学生选择了适合自己演唱且符合演唱要求的歌曲。但是部分班级学生甚至部分班主任教师对校歌演唱抱有迟疑态度，反映校歌具有一定难度(我校校歌专门聘请中国国家东方歌舞团青年作曲家、著名音乐制作人孟可作词、谱曲，具有很高的专业水准)，因而产生消极演唱心理，结果造成在演唱校歌时水平差距太大。既然绝大多数班级可以演唱成功，就足以说明校歌的可普及性，退一万步说，就是真的绝大多数班级感到演唱有困难，我们也要依靠音乐教师进行耐心细致的辅导和班主任的循循善诱，而并非回避。诸如此类的“困难”在我们和学生的工作学习中还会有许多，逃避不是办法，勇敢积极面对，坦然巧妙解决才为上策。

三、班主任要有一颗宽容心,少几分抱怨

记得上次三月份的学校运动会,我班学生同心共进,合作拼搏,取得了第二名的成绩。我们参赛前的目标是第一,其实在所有的活动中第一永远是我们的渴求,“不想当将军的士兵不是好士兵”吗,但我们是渴求,而非“苛求”。赛后大部分学生哭了,不是因为高兴,而是因为没有实现目标。看到学生真诚的泪水和愧疚的面容,我和学生们交流:这已经达到活动的目的了,何必强求结果呢,只要大家尽力就好,成绩是公平的,这说明其他人比我们做得更好,奋起直追才对。这次比赛好多班级没有取得预期成绩,也许部分班主任对学生发了火,说了过头的话,试想一下:活动之前我们重视了吗?细节我们指点了吗?学生的意见建议我们听取了吗?一味的强求和无休止的索取是很可怕的。每次成绩不佳,教师给学生施加太多压力,孩子稚嫩的肩膀和幼小的心灵承受不住,还会造成对活动的恐惧和逃避,对班主任的疏远。建议在所有的活动中,我们应按照广告语所说“永不止步”“没有最好,只有更好”的标准去做,结局有时并不重要。

四、利用活动拉近师生心理距离

平时的我们,抱着传道、授业、解惑的传统观念,很难拉近师生距离。只有充分利用各种活动,积极融入学生之中,既做学生的良师,又做学生的益友,才会更好地了解他们的内心世界,因材施教。有时在活动中和学生开个善意的玩笑,一个赞赏的目光、一句温暖的安慰就足以让学生欣喜万分。放下师道尊严的架子吧,时代变了。千万别再把微笑留到毕业典礼上了,更不要再让学生发出“老师也会笑”的感慨了。希望每一次活动都成为我们了解学生的催化剂,成为溶解师生隔阂的酵母菌。

红歌赛有感(二)

2015年5月5日下午,我校后操场歌声飘扬,掌声雷动。以“唱响红五月”为主题的歌曲大合唱活动(七年级)正如火如荼地进行着。经过三个多小时紧张激烈的角逐,评选出了一、二、三等奖。作为一名组织参赛并获得了一等奖的班级班主任,我感觉到收获的不仅仅是荣誉,更有诸多的感慨。

感慨一:爱国、爱家、爱校教育很需要

现在的学生多是独生子女,集体感有待加强。通过演唱校歌和革命歌曲来培养学生的爱校和爱国意识以及集体荣誉感比简单的说教强出几百倍。

感慨二:素质教育不应只是口号

素质教育是什么?是落实到学生身心中的具体行为。运动强健其体魄,歌声陶冶其情操,行为影响其行为。以前我班有许多同学迷恋网络、港台歌曲。通过近两周的红五月歌曲训练,现在好多同学感觉到“以前迷恋的歌曲简直是无病呻吟”(摘自一学生日记)。一项活动就改变了一个人的思想,还有比这更好的素质教育吗?

感慨三:关键时刻,每个人都可以发挥出潜力

恰在当日上午,我校承办罗凡华教授“轻松发明”报告会。会上,罗教授指出:“人人都是发明之人,处处皆是发明之地,时时都是发明之时。”刚开始我还有几分怀疑,在见证了我班学生今天在歌咏比赛中的表现后,我由衷地感到人人皆有巨大的潜力。

在刚开始训练学唱革命歌曲的时候,不但学生兴趣不高,连我也担心学生能否完美地演唱完自己不迷恋的曲子,这种担心直到学生登台时我还保存着。可是到了演唱台,同学们个个精神抖擞,容光焕发,节奏准确,动作优美,细节完美,一气呵成。我竟然激动得忘记加入台下雷鸣般的掌声中。再看看台上的孩子们,没有了成绩好坏之分,没有了习惯优劣之别,仿佛是70名小天使在歌唱。同学们下台时还不停地问:老师,我们发挥得怎么样?多么懂事的孩子呀,谁说他们没有集体荣誉感?我只能发自内心地说:在我心中,你们是好样的!

感慨四:学校文化环境最能影响学生们的成长

近期,全国各地掀起了唱红歌、经典革命歌曲的高潮。此举就是想通过演唱革命歌曲来树立一种良好的风气,营造一种正义的氛围。我校以传承奚仲文化、弘扬创新精神为指引率先在全市掀起了一场创新革命,小试牛刀,便取得了辉煌成就——现在的校园,创新成了一种厚重的文化底蕴;未来的奚仲,潜力无穷。通过此次革命歌曲大合唱,我校定会掀起一场爱国、爱校的感恩教育革命;定会对学生的健康身心起到一种潜移默化的熏陶,未来的奚仲魅力无穷。

呼唤试卷的改革

每年随着全国高考、中考大幕的拉下，紧随而来的是小学、初中一系列期末学业水平测试。奇怪的是，与老师满腔热情的复习和面面俱到的讲解形成的强烈对比是：总有一批学生在考试时，要么费尽心思地作弊，要么大大方方地提前交卷，更有甚者，在试卷上胡言乱语。

究竟谁错了？

是监考老师未尽职责，代课老师水平有限，还是学生素质下降？讨论起来，颇费脑筋。

是不是给试卷也分一下 A、B、C 等级，让学生在考试之前做个选择呢？精英教育和精英试卷，也许是这种现象的一种推动因素吧！

试卷改革，势在必行！

希望有第一个吃螃蟹的人出现！

虽然这有一定的风险但凡事总要有人去做。

一万年太久，希望下次！

怀念从前的奖状

随着期中学业水平考试的结束，学校和老师可能会对在各个方面表现突出的学生以颁发奖状的形式进行表彰，既能够表扬先进，也能够促进竞争。这种做法可以说是屡试不爽。

闲暇时翻出了一张 1988 年的小学奖状，虽已破旧，但红红的纸张和秀丽的毛笔字却让人怦然心动，往日的求学经历跃然而出。

看看现在的学生奖状，要么是精美的印刷品，要么是赞助者的广告，少了几许文化气息，多了几分浮躁。加上激励项目和人数的增加，让很多受到表彰的学生感觉多了几分茫然，少了很多的期待和自豪。试问谁还会将这样的奖状精心收藏，更不必说像我们一样恭恭敬敬地给父母看后，张贴在家中最显眼的地方了。

现行的教育改革，我个人认为：在奖励先进、鼓励竞争上可以采用传统的奖状形式。

爱学生，就要学会放手

在多年的讲读教学中，我已经习惯了在课堂上喋喋不休地讲，学生认认真真地听。我每次讲课的时候唯恐自己讲得不透彻，学生想得不完整、听得不明白，因而总是急于将“桥梁”搭好，将自己的观点早早地呈现给学生，希望学生能如我所愿般的理解课文，掌握要点。但长此以往，学生无须动脑，坐享其成，只会“张嘴吃现成的东西”，没有自己的思想和感受，最终思想格式化，慢慢成了懒于思考、羞于表达的人。曾经有人说“有一种爱叫放手”，而对我来说，反思自己最大的收获是：有一种教育叫放手，放手让学生自主学习，不要过分地担心学生没学好；放手让学生自主思考，不要过分地担心学生思考得不透彻。尤其是考试将近时，放手显得更为重要。

“海阔凭鱼跃，天高任鸟飞。”只有我们老师大胆地“放手”，有准备地“放手”，学生才能在不停的拼搏中锻炼能力，树立信心，为个性发展打造一条灿烂的星光大道。

不要吝啬你对学生的赞美

林肯曾说过："人人都喜欢表扬，人类本质里最殷切的需求是渴望被人肯定。"表扬是酷暑里的一缕凉风，吹走一个人心头的自卑与烦恼；表扬是干旱时的一场甘霖，滋润一个人干渴的心田；表扬是一种神奇的催化剂，能让一个人发生翻天覆地的变化！

2006年，我带初三毕业班，有一个新转入的女生很是特别，每天大部分精力都用在穿衣打扮、睡美容觉上，谁批评她就跟谁吵，弄得老师们个个头疼。大家都说：这孩子算完了，她要能变好，除非太阳从西边出来！

一开始，我对她也没什么好印象。有一次，班理组织了一次联欢会活动，没想到的是她竟然也报名参加了，更让我没想到的是她的音色优美、发音标准，舞姿更加不凡，可以与正规的演员媲美！当时我就说："你的音色很好，舞蹈也很标准，你可以试试去考艺术生！"当时我只是随口一说，没想到下课后她跟随我来到办公室，问："老师，你说的是真的吗？"我说："当然是真的。只不过你的文化课成绩……"我还没说完，她突然向我深深地鞠了一躬，说："老师，我明白，谢谢你！从来没有人说过我的好，真的谢谢你，老师！"她抬起头的瞬间，我看到一张流满泪水的脸……

从那以后，她像是变了个人，每天刻苦地学习，勤奋地练习舞蹈。老师们都说，真是不可思议！2009年高考结束了，她考取了北京一所重点音乐大学的舞蹈专业。从此，我相信了一句话：即使被认为无可救药的学生也阻挡不了强烈的爱与尊重的力量。只要给他们一双翅膀，每个孩子都能在蓝天下飞翔。

直到现在，我仍忘不了当我表扬她时她脸上的表情，那是一种惊讶又带有喜悦的表情。我也忘不了她那深深的一鞠躬和那一句沉甸甸的"谢谢"。我想，我更应该感谢她，是她让我在以后的教学生涯中学会了表扬！

有这么一段话，很发人深省：如果一个孩子生活在表扬之中，他就学会了感激。如果一个孩子生活在接受之中，他就学会了爱。如果一个孩子生活在分享之中，他就学会了慷慨。如果一个孩子生活在诚实和正直之中，他就学会了什么是真理和公正。我们应该总是这样问问自己：我教的学生们生活在什么之中呢？

学困生需要关爱，更需要改变

学困生虽然是一个刺眼的词语，但是它却以鲜活的生命形式时刻存在于我们的教室里。如何关爱他们，改变他们，给他们以学习的信心和生活的自尊？结合十几年的班主任工作经验，与大家分享一下心得。

一、“把好脉，找出病因，对症下药”

学困生同样具有上进心、自尊心，渴望进步。他们由于各种因素而导致成绩差。作为教师，应根据学生具体情况具体分析，逐个解决。孟子说过：爱人者，人恒爱之；敬人者，人恒敬之。学生对教师的尊重信任源自教师对学生的尊重与信任。教师只有用自己诚挚的爱心去拥抱学生，才能真正感化学生，才有可能细致观察、正确评价、宽容对待学生们。学困生的转化工作尤其需要有爱心的老师完成，爱心是促进学生进步的基础和情感前提，而缺少爱心，教育工作就失去了它的人性本质。有部分学生是因为家庭原因如父母离异而性格内向、孤僻，并伴有自卑心理，导致学习成绩落后。我主动找他们谈心，在生活上给予关心，给他们以宽容的态度，平等地与其交流，做好与家长的沟通，动员家长主动过问、关心孩子的生活和学习情况。有些学困生成绩差，是因为没有学习目标。针对情况，指导他们制定短期和长期学习目标，而且经常督促他们检查自己的目标实现情况，以此激发学困生的学习动机。

二、营造和谐的课堂氛围，培养学困生的学习热情

英语教学成功与否，不仅取决于学习者的智力因素，还取决于学生情绪、态度等。因此，教师要特别注意控制自己的情绪，不能急躁、迁怒，切忌使用训斥、伤人自尊的语言，保护其自尊心。针对学困生普遍缺乏自信心的情况，在每次单元、期中测试后，我会当众表扬成绩有进步的孩子，并在试卷上批注激励、鼓舞的语言：“你是很有潜力的孩子，再加把劲，你能行！”“愿你和细心交朋友”“努力吧，我的小天使。你会成功的！”在课堂上，向他们提出估计他们能回答出的问题，回答不完整加以引导，从不指责，让他们体会到喜悦，让自信扎根于心中。尽力寻找他们身边的“闪光点”，及时表扬鼓励，增加他们的上进心。

三、优化课堂教学，激发生学困生的学习兴趣

英语作为交际工具，要求学生大量操练，记背运用。随着高段教学内容的增多和难度的加深，大多数学困生怕吃苦，学习不主动，产生厌学畏难情绪。针对课堂中这群学习自觉性差，又爱面子，怕说错，不敢开口说英语的沉默的小羔羊们，我总是为他们提供展示的机会，搭建活动的舞台。我在班上开展互帮互促的学习合作小组。"一帮一，一对红"让成绩好的学生明白"一枝独秀不是春，万紫千红春满园"的道理，请学困生虚心向组内成绩好的同学请教。在执教"What's your favorite food?"单元时，我为孩子们创设快餐店一角落，让学生作会话表演示范，扮演优质服务生与文明顾客。会话示范表演后，一些学生已跃跃欲试。我让学生们以小组形式进行会话展示，不让组内任何一名同学坐"冷板凳"，全组总动员。给我留下深刻印象的是一次上台会话展示中，学习合作小组中有一个学生原本上课注意力不集中，有时还影响课堂纪律，这次却令我耳目一新。他们这组创设的语言环境是学校伙食团。这位孩子落落大方地站在讲台上扮演炊事员，另外三名同学扮演排队打饭的学生。一位学生摸摸肚子，佯装饥饿状："I'm hungry." 另外两位学生把所学的句型运用上"What do you have for lunch today? I have egg plant, tofu and fish."。炊事员热情地问同学们："Can I help you?"孩子们齐声说："Yes!"炊事员依次为孩子们盛饭，表演得有板有眼。学生们齐声说："How much is it?""It's 10 yuan."扮演炊事员的那位孩子脱口而出。我为这组孩子们的集体创意、精彩表演喜不自禁，带动全班学生给予热烈的掌声。课后，我暗自想如果多给那些学困生展示锻炼的机会，会给当老师的我们和同学们带来多少意想不到的惊奇呀。学困生在老师和同学们营造的学习氛围内，学习心态、学习习惯有所改善，他们感到自己也是课堂的主人，也有属于自己的一片天空，同时也培养了学生们的团体合作精神与意识。

四、和谐师生关系，使英语课堂洋溢着"情感的活动"

尽管学生之间有差异，但在最初的学习瞬间，却有一种"愿被老师肯定"的愿望，学困生们的进步尤其需要教师发现和肯定。我对学生一视同仁，尤其对学困生更多投入一份关爱。在英语课上，我全力肯定学困生的一切努力，鼓励他们大胆尝试与挑战自我。我经常用跷拇指、击手掌、抚摸头、拍肩等动作来表达对他们的肯定，真诚地称赞他们"Good boy/girl!""You're so clever! Try hard!"他们从我的举手投足之间感受到了爱意、关注、肯定和进一步的期待。他们增强了参与课堂教学的积极性，尝到了学习的成就感，从而迈出成功的第一步。

正如一句古话所说:“亲其师,信其道”。课堂上是严师,课后是朋友,建立平等、民主、和谐的师生关系,有利于缩短师生间的距离。在课堂教学中,学困生的转化是一项长期而艰巨的工作。只要我们向孩子投入热情,无私奉献,用正确的态度对待工作,用爱心拥抱学生,孩子们的笑容将会是灿烂美丽的,愿这样的笑容能洋溢在每个孩子脸上。英语课堂教学没有高高在上的“师道尊严”,代之的是春风细雨般的循循善诱;没有严厉苛刻的批评,有的是润物细无声。英语课堂教学有了师生间平等的对话、情感真实的交流和人文色彩的注入而更加鲜活、生动起来。

教师要学会品味人生

在工作中，我接触过很多教师：有的教师热情澎湃，信心满怀，充满了正能量；有的则意志消沉，状态不佳，到处牢骚满腹；有的则介于二者之间，无欲无求，波澜不惊。教师承担着教书育人的历史使命，一言一行足以影响学生的身心。我们应该不仅是知识的传授者，更应该做学生的美好生活的引路人。

因为人有着最丰富的思想感情，有着最崇高的情操和坚持不懈的精神，所以，纵使世间有千难万险，人类也会勇于征服。海伦说过："我一直哭，一直哭，哭自己没鞋穿，可是直到有一天，我看到一个人，他竟然连脚都没有，我就懂了什么是生活。"[①]是的，生活中也许每个人的命运有一定的差距，但我们可以通过自己的努力改变现状，去探索人生的真谛，追求生命的精华。

下面这则寓言也许对我们有所启迪。

上帝创造了驴子，对它说："你从早到晚要不停地干活，背上还需要驮着重物。你吃的是草，而且缺乏智慧，你的生命将会有 50 年。"

驴子回答说："像这样生活 50 年太长了，最好不要超过 20 年。"上帝答应了。

上帝创造了狗，对它说："你需要随时保持警惕，守护着你最好的伙伴——人类和他们的住所。你吃的是他们桌上的残食。你的生命是 25 年。"

狗回答说："像这样生活 25 年太长了，请您改变我的生命为 10 年吧。"上帝答应了狗的请求。

上帝创造了猴子，对它说："猴子，你悬挂在树上，像个白痴一样令人发笑。你将活在世上 20 年。"

猴子眨眨眼睛回答说："主啊，如同小丑般活 20 年太长了，10 年就够了。"上帝也答应了猴子的要求。

最后，上帝创造了人，告诉他："人，要有理性地活在这个世上，用你的智慧

① 中共西藏自治区委员会宣传部，中共西藏自治区委员会组织部编：《我的援藏时光》，安徽大学出版社 2014 年版，第 144 页。

掌握一切、支配一切。人的生命为20年。”人听完后回答说:“主啊,人只活20年太短了。请您把驴子拒绝的30年、狗拒绝的15年和猴子拒绝的10年都赐予我吧。”上帝同样答应了。

正如上帝安排的那样,人好好地活了开始的20年,接着成家立业,如同驴子一般,背着沉重的包袱拼命工作;然后,又像狗一样认真守护着孩子,吃光他们碗里剩下的食物;但人老的时候,活得又像猴子一样,扮演小丑给孙子们取乐。

寓言虽与事实有所出入,却也揭示了一个道理:很多人就是这样走过了他们的人生。一个人一生会快乐,会难过,会高兴,会失望。

我们生活在这个多姿多彩的世界,有快乐,也有痛苦,有欢笑,也有眼泪。这一切谱写成我们的人生交响曲。人生是挂在地球上的一滴眼泪,但在风干的过程中也会折射出太阳迷人的光芒。“悲伤的眼泪是流星,快乐的眼泪是恒星”,可生活不同情眼泪,生活对弱者永远都是残酷无情的。“生”和“活”合起来就是生活,每个人都以自己独特的口味调剂着生活,同时又以自己的独特方式来追求理想中的生活,品味其中的苦与乐。人生的主题之一便是寻找生活中的乐趣。当你为情所痴,为分所困,为钱所虑,为事所恼,为人所难,为家所忙时,你不妨尽量去寻找生活中的快乐,感受生活无声的语言,亲身体验生活的甜蜜。我们应用笑容珍惜生命中的点点滴滴,面对曲折与艰辛时更会用积极向上的态度回报多姿多彩的生活。

我们总是在得与失中徘徊。但是人生最重要的是什么?当然是快乐地享受每一天,珍惜自己所拥有的一切。也许会有遗憾,会有后悔,会有烦恼和忧愁,但那都是人生的一部分。活着,就一步一步好好向前走,永远不必苦苦询问自己失去了什么,那没有意义。倘若没有一颗善于品味的心,很容易就会与我们的生活失之交臂,让我们的生命暗淡无光。只有打开心灵的枷锁,每时每刻都去细细地品味,我们才能了解人生的滋味……

教师应常怀感恩之心

长期以来，奚仲中学积极响应教育局的号召，开展了师德“感恩教育”活动。通过认真学习和讨论，我们每个教育工作者内心始终充盈着一种责任、一种感动、一种甜蜜的幸福。作为班主任，我多次按照政教处的工作计划，创造性地在实际工作中终将感恩教育贯穿于教育的每个环节，收到了显著得成效。

有人说，感恩是鞋，穿上它，我们才能在人生的道路上健步如飞。而我觉得，感恩更像是生命中那一朵朵不谢的花，因为感恩，所以我们的生命变得五彩斑斓。

作为一名班主任，我无时无刻不在心底充满着拥有神圣职业的那种自豪。而在自豪的同时，我也深知，自己所拥有的神圣、所拥有的光环和所受到的尊重，无一不来自党和社会的关怀，来自家长的信任，来自学生的期待，来自亲人们默默的支持。

感谢党这个温暖博大的怀抱，让我从小沐浴在社会主义的阳光下，健康成长。是党把我培养成为一名光荣的人民教师，使我实现自己的人生价值。社会各界慷慨解囊扶助教育事业，党和政府给予教师及教育工作无限关怀。这扶助、这关怀似一股股暖流，涌动在教育工作者心田，时刻激励我不辜负党和政府以及社会各界对我的期望。

感谢可爱的学生们，感谢这份光荣的职业。这份太阳底下最光辉的职业让一批天真的孩子来到我们的身边。他们是我工作的动力，是我永远的朋友。欢乐、悲哀、憧憬、奋发，构成了师生之间和谐的乐章。当我默默地目送孩子们在自己的教育下满载知识，满载人生的理想踏上高中学校的时候，他们将成为我人生价值的升华和延续。是他们使我的人生更有意义。是他们让我带着无限的祝福，感受着无限的幸福踏上旅途。当他人无从体验师生情感时，孩子们的行为让我彻底感悟，并为之自豪。我怎能不感谢孩子们，他们不但是我的学生，还是我最真挚的朋友。孩子们所带给我心灵的震撼，将成为我永远的财富。因此，我甘愿做一颗星照亮孩子们前行的道路。

感谢家长把孩子重托于我。这是家长对我的高度信任。教师除了传道、授业、解惑之外,承担更多的是责任——和家长一样的培养、教育、扶助孩子的责任。一次次家访赢得的信任,一次次活动赢得家长的支持,一次次困难赢得家长的安慰与鼓励,无一不让我坚定培养好孩子的信念,并为之努力。这些家长是我事业和生活的挚友,促使我为了共同目标不懈努力。

感谢家人对我的默默支持。父母理解我由于工作忙无暇陪伴他们,难以让他们享受天伦之乐;爱人宽容我废寝忘食地工作,而少了对她的关心和照顾。当自己为了社会的嘱托、为了家长的期待,为了学生的成长而把自己的家人置之度外的时候,我的内心充满着对家人无限的感激和愧疚。没有他们的默默鼓励和支持,就没有我对教育事业全身心的投入。当工作成功的喜悦和荣誉的光环环绕我时,我深深体会这样一句话:“军功章有我的一半,也有他们的一半……”

我怀着感恩的心去工作学习,常想起一首歌:“感恩的心,感谢命运,让我一生有勇气做我自己!”我将把感恩汇入我滚滚流淌的血液中,注入活力,增添力量,出色地完成时代所赋予的职责!

感恩,让生活美丽;感恩,使人生出色。学会感恩、善于感恩,将使我们的灵魂得到洗礼,心态得到调整,境界得到升华。感恩是一种幸福的聪明感悟,感恩是一种永恒的人生支柱。思路决定出路,态度决定成败。作为教书育人的人民教师,该用什么样的心态来对待自己所从事的事业呢?比较现实而有效的正确态度,应该是“怀着感恩的心教书”。

怀着感恩的心情教书,我们会更乐教、善教。我们不仅要教授学生科学知识,而且要教学生终身学习的方法、回报社会的技能。沉醉于学生们的健康成长、欣赏着学生的进步与发展,我的心情像阳光一样灿烂。

感恩之心永不枯萎!

教师也应该怀有敬畏之心

毋庸置疑，教师的职责是教书育人，传道授业。除此之外，我们挂在口头上的往往是教会学生如何感恩，如何拼搏，如何坚强，但我们往往忽略了作为学生的一方，也需要我们的敬畏，而不是一味说教。

前段时间看了一段文字，感触颇深："有个日本朋友在大庆游览，一天傍晚，在井架边第一次看见天边的落日，大而圆，温润而壮丽，他情不自禁地跪下，泪流满面。他说，从未见过这么大的落日，他被深深震撼，而最自然的反应就是跪下，表达敬畏！"①

常常有人困惑地问我："为什么白天撞见的都是别人的傲慢与无礼，夜里，点灯照亮的是自己的虚空与无聊？"生活仿佛有些热闹，而没有神圣，有些香，却不见兰……我想了老半天，原来是因为人心里没有敬畏。

小时候，看见闪电，妈妈都会把我们揽在怀里，温柔地说："孩子，做好人，就不用怕打雷！"过去我们对雷鸣闪电心怀敬畏，它教人常常反省：不要做坏事！这是民间最质朴本能的敬畏，若剔去迷信成分，它不失为一种神圣的力量，可以约束矫正我们的行为。真正的科学家也是敬畏大自然的。因为敬畏，所以懂得。《增广贤文》里说："人间私语，天闻若雷。暗室亏心，神目如电。"②敬畏之心在这里外化为道德力量，促使人修身明性。

因为没有敬畏，所以恶搞经典成风；因为没有敬畏，所以崇高贬值；因为没有敬畏，我们的人生不再神圣……

德国大哲学家康德的敬畏，在他墓碑上刻着：天上的繁星和心中的道德法则。"仰不愧于天，俯不怍于人"，孟子以此表明自己对天的敬畏之情。孔子强调的是"知天命"，即心存敬畏，并要躬身行之而不可有丝毫懈怠与侮慢之心……

智者、圣人之所以不凡是因为他们有所畏惧也有所敬仰。而平凡之人，常

① 方达主编：《不做你的青梅竹马：读者原创精华版》，新蕾出版社 2009 年版，第 234 页。

② 中山大学中文系编：《国学文化经典读本蒙学精萃》，花城出版社 2011 年版，第 90 页。

怀敬畏之心，就不轻易浮躁、不容易轻忽，内心自然生养正气、庄严与崇高。人很渺小，因为有了信仰与敬畏之心，反而让我们内心清澄而庄严。

万物众生都值得我们敬畏，从一朵向阳的花、一棵跳舞的草，到一只蚂蚁的力量，一个母亲在产房里挂满汗珠与泪珠的笑脸……

听课的学生如果对老师没有敬畏，就容易打瞌睡；拿俸禄的官员如果对人民没有敬畏，就容易贪污腐化。袁隆平因为敬畏水稻，在稻田里梦想成真；黑人阿里因为敬畏每一个对手，成长为一代拳王……而你我，如果对自然、对生命缺乏虔诚和敬畏之情，就不会真正体味到生命的美善与生活的幸福。

新东方董事长兼总裁俞敏洪先生在北京大学 2008 年开学典礼上的发言中谈到对老师的敬畏，让人动容。他说："我们很有幸见过朱光潜教授。在他最后的日子里，是我们班的同学每天轮流推着轮椅在北大里陪他一起散步。每当我推着轮椅的时候，我心中就充满了对朱光潜教授的崇拜，一种神圣感油然而生。"①因为敬畏，而爱，也因为敬畏，看见爱。只有心怀敬畏，才有真正的感动。

一生，虽然不长，但这是一条谋生的路，也是一条朝圣的路；前者，让我热爱手里粮食，常怀平常心，后者，让我看见高度与理想，并常怀敬畏。

做一个有敬畏之心的新型教师吧！

① 严章编著：《自卑青年到心灵导师：俞敏洪北大演讲》，中国铁道出版社 2015 年版，第 164 页。

考试之后的反思

试卷分析出来了，虽然我无比赞成张志勇厅长说的《把考试忘掉的剩下的才是教育》，不过成绩多多少少也能反映一些问题。通过考试，我们可以反思最近一段时间的教学情况，反思学生的情况，根据这些情况我们可以随时更换路线。

看着学生的成绩，有悲有喜。多数同学都有了进步，也有少数同学分数下降。分数下降的同学都有一个共同点，那就是管不住自己，没有老师的约束，主动性差，这就要求我对他们要多留意，多督促，关注他们，还要管住他们。当然这仅从分数上看是这样。其实他们全部都有了很大的提升，教室内没有了随手乱丢的垃圾，同学之间再没了磕磕碰碰，他们争着擦黑板，争着打扫卫生，争着为老师服务。也有家长给我说，孩子突然变得懂事了，回到家知道做点家务了，也不再大声嚷嚷了。其实我们的孩子生性都是善良的，许多不良的习惯不是他们的错，是环境的因素。

我还在执着地相信学生，相信自己，相信纯美于心。

做幸福的老师，育快乐的学生。

课堂需要淡定

这是一个浮躁的年代。如何避免喧嚣的困扰？如何抚平内心的浮躁？答案：淡定！

淡定是一种态度。遇事沉稳中又积极果断，老练里却又重视有佳，胜不骄，败不馁。

淡定是一种勇气。行事放松自如，从容冷静，闲看庭前花落，轻摇羽扇城头。

淡定是一种原则。展示出对人对事不急不躁、不温不火，亲而有度、顺而有持。

淡定是一种风度。神鹰背上秋风过面、静若处子，名利场中灯红酒绿、过眼云烟。

淡定是一种修养。仁而无忧，仁而无惧，实事求是，心怀坦荡，兰心傲骨。

淡定是一种能力。深思熟虑能扬长避短，内省自知可有进有退，该出手时再出手。

淡定是一种力量。气定神宁，如巨岩阻浪；坚持不懈，如水滴石穿。

淡定是一种效率。稳而避其乱，洞悉而练达，如庖丁用刀、鲁班弄斧。

淡定是一种境界。兰秀深林，不以无人而不芳；君子立德，不为窘困而改节。

淡定是一种人生。人生如一副老花镜，难得糊涂，难得清醒。

如果学会了淡定，教师就会衣着整洁，板书优美，给学生以视觉美。

如果学会了淡定，教师就会快速地想，慢慢地说，清晰地表达自己的思维，给学生以听觉美。

如果学会了淡定，教师就会拥有一颗从容的心，在处理课堂突发事件时，处惊不乱，镇定自若，给学生以感觉美。

如果学会了淡定，教师引经据典、旁征博引，课堂就会给学生以回味美。

如果大家都拥有一颗淡定的心，得意时淡然一笑，失意时泰然一笑，这样的人生将是何其之美！

课堂需要真实

绝大多数教师都上过、听过许多公开课。公开课说到底是一种展示：展示先进的教学思想和方法，展示教者独特的教学个性。因此，在立足点上，执教者很容易陷入一种误区，那就是期望通过一节课，把课堂教学的方方面面完整地展示在听者面前，企图达到无懈可击、好评如潮的效果。究竟什么样的课堂教学能立足于学生的学，而不是教师的教，从而达到教学效果的扎实有效呢？课堂教学应抹去浮华，尽显本真。精彩成功不只体现在45分钟的课堂展示上，应该体现于教研课的全过程，体现于并不完美的课堂教学中，简而言之，体现于一个"真"字上。

课堂教学评价关注的首先应该是人，是坐在教室里那些活生生的、有思想的、有情感的人。教师要创设一定的教学情景，组织学生讨论，精心设计问题，为学生提供足够的探究时间和空间。教师一个个甜美的微笑，一个个欣赏的动作，一句句赞美的话语，犹如在孩子的心灵上播撒了缕缕阳光。在课堂上，有老师评价学生的，有小组学习中，学生之间相互合作交流与相互评价的，也有学生评价老师的。这种多向评价的方式，让学生在活动中表现出自主性、主动性、独创性等主体精神和创造品质，增强其以后学习的信心和动力，激发其学习兴趣，从而获得愉快的情绪体验，体悟到课堂是真实，知识是真实的，最终体悟到了生命的真实。

爱因斯坦曾说："现代的教学方法，竟然还没有把研究问题的神圣好奇心完全扼杀掉，真可以说是一个奇迹；因为这株脆弱的幼苗，除了需要鼓励以外，主要需要自由；要是没有自由，它不可避免地会夭折。"①

我想：在一个真实的课堂里，学生是永远充满了好奇心、求知欲、创造力的！

让我们为真实的课堂叫好！

① 爱因斯坦：《爱因斯坦论科学与教育》，商务印书馆2006年版，第124页。

课堂需要宽容

课堂是教师教书育人的主阵地，是教师专业发展的主领域，更是教师生命发展的主通道。如果教师在课堂上学会了宽容，我们也便学会了做人。历代圣贤都把宽恕容人作为理想人格的重要标准而大加倡导。《周易》中提出“君子以厚德载物”①，荀子主张“君子贤而能容罢，知而能容愚，博而能容浅，粹而能容杂”②。学会了宽容，同样也是学会了处世。人是社会的人，世间并无绝对的好坏，而且往往正邪善恶交错，所以我们立身处世时也要有清浊并容的雅量。李叔同说：“精明者，不使人无所容。”③我们常说的“得饶人处且饶人”，也是这个道理。事实上，宽容并不代表无能，恰恰是一个人卓识、心胸和人格力量的体现，即所谓“海纳百川，有容乃大”。当然要想获得宽容，也离不开共赢观与换位观的树立。共赢观是对过度竞争观的否定，是一种真正的集体主义。我们需要宽容学生，宽容自己在竞争中的对手。以史为鉴，例如林肯对竞争对手以宽容著称，后来终于引起了议员的不满，议员说：“你不应该试图和那些人交朋友，而应该消灭他们。”林肯微笑着回答：“当他们变成我的朋友，难道不是正在消灭我的敌人吗?”林肯总统的话一语中的，多一些宽容，公开的对手或许就会成为我们潜在的朋友。而换位观则需要我们换位思考，进行角色的转换。师生之间若产生了摩擦，应当把自己和对方所处的位置关系交换一下，站在对方的立场上，以他的思维方式或思考角度来考虑问题。这样，当你本来想发怒的时候，通过换位思考，你的情绪就会变得平静下来；当你觉得对方不可理喻的时候，通过换位思考，你会真切地理解他此时此地的感受；通过换位思考，你也会变得宽容。

安德鲁·马修斯在《宽容之心》中说过这样一句能够启人心智的话：“一只脚踩扁了紫罗兰，它却把香味留在那脚跟上，这就是宽容。”④生活如海，宽容作

① 东篱子编著：《周易全鉴》(珍藏版)，中国纺织出版社2016年版，第6页。

② 邬恩波，吴文亮译注：《荀子全译》，三环出版社1991年版，第69～70页。

③ 李叔同：《禅里禅外》，长江文艺出版社2016年版，第240页。

④ 郝任：《青春如此迷茫，你要自己坚强》，天地出版社2015年版，第188页。

舟，泛舟于海，方知海之宽阔；生活如山，宽容为径，循径登山，方知山之高大；生活如歌，宽容是曲，和曲而歌，方知歌之动听。老师们，让我们多一些宽容，也就多了一份理解，多了一份信任，多了一份友爱。愿你我的胸怀像大海，无所不容；心宽如天空，无所不包！

还是那句广告词：心有多大，舞台就有多大！

课堂需要情感

我国著名的教育家夏沔尊说:“教育不能没有情感”。写文章最忌平铺直叙,没有起伏波澜,讲课也同样如此。教学活动并非纯理性的信息传输活动,其中必然渗透着强烈的感情因素。所谓“情理相融”,就是既要讲透知识,又要渗透自己对知识的理解、感受和联想等思维活动变化,以促进师生感情共鸣,思维同步。倘若从始至终语速平均、声调平缓、平白道来,这种平直单调、缺乏激情和变化的讲授,会令学员听觉疲倦、情绪降低、打不起精神,从而影响他们的学习兴趣。常言道演员演戏要“进入角色”,教师讲课也有一个“进入角色”的问题。一旦进入角色之后,教师的情绪会处于最佳状态:情感饱满激昂,语言充满激情。这样的教学会使学员受到强烈的感染,得到一种振奋的美的享受,同时也能充分调动他们学习的积极性、主动性。

感情充沛,而又能恰当地加以控制,也是一种境界。“文武之道,一张一弛。”激情不足,在一定程度上会影响教学效果;激情过于充沛,始终慷慨激昂,保持高音量、大嗓门,如同讲演一般,不仅教师本人会感到身心疲惫,听课的人也会感到很劳累。

正如书法、绘画、摄影艺术在构图上讲究虚实相映,教学也应当如此。学生在听课过程中,其大脑不会总是处于兴奋状态,优势兴奋中心也是随时间的推进而呈曲线变化的。即这种优势兴奋中心不是长期固定在大脑皮层的一定区域,而是随着生理和心理运动曲线和刺激物的变化不断转移。故教师课堂讲授时应尽可能做到疏密相间、有张有弛、抑扬顿挫。语调的高低、音量的大小都要适当;情感的抒发要能放能收、收放自如,做到“声”“情”“形”的有机结合,巧妙运用,并且恰到好处,方可取得最佳的教学效果。

老师更应多读书

随着信息化的高速发展、网络的普及，我们发现，教师忽视读书学习者当下并非少数。一些教师之所以忽视读书，大多是出于“不屑读”的心理，总认为，自己有高学历，已经读了那么多年的书，自己掌握的知识也足够教学生的了，又何必再去读书。殊不知，在当今时代，知识更新速度相当惊人。不读书，就意味着要落伍，就意味着要被淘汰。何况，教师要给学生喝“新鲜水”，自己就得“长流水”。“长流水”就要求教师必须常读书。

读书虽不能替代教书，但教书自须读书。教师若能多读书，对相关知识、相关问题做到多学科、多角度分析，触类旁通、举一反三，再去精心备课，这样的课堂教学、课后辅导，岂不事半功倍？学科与学科之间看似没有多大关联，其实各种书籍包含的知识是相互交融的。虽然今天每个学科都被细化为众多分支，然而不同学科间沟通连接的渠道仍然是存在的。教师阐释和说明一个知识或道理时，掌握的知识越全面越有利。教师要多读各类书籍，精通多门学问，不断丰富和完善自己的知识。

读书对于教师教书的意义，毋庸赘言。透过一些教师“不屑读”的表面，其背后隐藏的多是浮躁之心。或许有的教师会说忙，无暇读书。的确，在升学压力依然突出的今天，要说教师不忙，那是不客观的。但教师并非一点时间、空间都没有。读书关键是以怎样的心态去读，是否投入了真心、真情。“养性莫若修身，行乐不如读书”，道出了读书之至味、至乐。

让爱融入课堂、融入教育

“没有爱就没有教育”是特级教师丁有宽老师凝铸的成功教育经验的名言。作为一名老师，一定要深深爱着所有学生，不能因为学生的家境好坏或者成绩好差而有偏爱或者厌恶之分，要对全体学生负责。尤其是对于一些性格内向的学困生，平时更要多加关心与包容他们，用爱心敲开他们紧闭的心扉，慢慢引导和鼓励他们。现在很多人都在谈爱的教育，他们所说的爱的教育只是爱自己的学生。爱学生没错，但是仅仅爱学生是不够的，要爱教育事业、爱学校、爱祖国，更要爱人类，这是一种“大爱”。真正好的教育家应该具有这种大爱。

教育是一项爱的事业。爱是教育的真谛，爱是教育的源泉，爱是教育的动力，爱是师德的灵魂。青年教师成为名师必须以爱为基础，离开了爱，就像高楼没有了地基，就像大树没有了根。从师德的角度诠释爱，爱就是奉献，爱就是尊重，爱就是宽容，爱就是严谨，爱就是负责，爱就是质量。

爱是奉献。

奉献是爱的核心。教育是清贫的行业，教师是清贫的岗位，选择了教育就是选择了奉献。高尚的师德表现为奉献，为了学生的发展付出精力，奉献时间，传递爱心。

爱是尊重。

众所周知，人性中最本质的追求就是渴望得到尊重和欣赏。教师冷若冰霜、不动感情的说教，会使学生的心被封冻起来，教师再想利用这种简单而不动情感的说教让学生“解冻”，只会适得其反。因此，教师的言行要维护学生的自尊，要从内心重视、尊重、信任所有学生。

爱是宽容。

宽容是爱的海洋。教师要坚信每个孩子都有一颗做好人的心，要不断加强自身的师德修养，不断宽阔自己的胸怀。爱就要学会宽容，宽容孩子的幼稚无知，宽容孩子的缺点错误，宽容孩子的一切。

爱是严谨。

严谨是真诚的爱。严谨治学才能培养良好的习惯和优秀的性格，严谨治学才能决定孩子成就的命运。教师的严谨要体现在教育、教学和管理的每一个细节，严谨治学才能不误子弟。

爱是责任。

责任是爱的营养，没有责任的爱是空洞的爱。教师要做到对教学负责，对教育负责，对管理负责，对学生的发展负责。教师要发挥主体意识，提高工作效率，坚持我教我管我负责。

爱是质量。

爱要以质量做保证。教师要努力提高自己的业务能力，努力让学生长分、长能力、长见识。“亲其师”才能“信其道”，教师要通过自己的学识和能力让学生信服，从而接受教师的教育和管理。

让学生真正成为课堂的主人

从教近 20 年，教过的学生有几千人，针对学生的年龄心理特征，结合教学实际，本人总结了一些学生不喜欢的课堂教学模式：上课是执行教案的过程，教师的教和学生的学在课堂上最理想的进程是完成教案，而不是“节外生枝”。教师期待的是学生按教案设想回答，若不，就努力引导，直到达到预定答案为止。学生在课堂上实际扮演着配合教师完成教案的角色。

于是，我们见到这样的景象：“死的”教案成了“看不见的手”，支配着“活的”教师与学生。课堂成了“教案剧”出演的“舞台”，教师是主角，好学生是配角中的“主角”，大多数学生只是“群众演员”，很多情况下只是“观众”与“听众”。

有人说，中国传统教育赖以生存的法宝有三样：一是“权威”，二是“记忆”，三是“考试”。这大体上是符合实情的。事实上，在许多日常的课堂环境里，由于学生们没有享受到做知识主人所特有的学习原动力、兴趣、激情、自信心、内在感受力、思维的警觉性和创造性，因而成为法定、权威、强制、统一以及以考试为唯一价值指向的学科规训知识教学体系的“容器”或“奴隶”，成为公共知识教育产品的单向性接受者和指定“消费者”。在大力倡导改革基础教育、提高学生的创新精神和实践能力的今天，我们有太多的理由去审视课堂，检讨那些我们早已习以为常、约定俗成的定式。

绝大多数教师，包括本人，都希望学生及时理解老师意图，踊跃回答问题，即使在早读课及自习课上也要表现出对知识如饥似渴的追求。但当我们满足于表象的同时，却发现学生掌握的知识往往不尽如人意。如何正确认识这类现象呢？事实上，日常课堂上“书声琅琅”“秩序井然”的表象，往往掩盖了学生思维的贫乏、思想的贫困以及才智的消磨。由于学生在那些纯粹的、外在的知识面前逐渐地丧失了个体意识、主体位置、独立人格和自由精神，公共的知识不仅没有内化为他们个人的智慧，外化为他们的实践经验和力量，反而成了他们的思想包袱或精神负担。对许多学生而言，知识只是一种巨大的外部压力，而非个人成长的精神动力，他们并没有感受到知识越多越主动、越快乐，反倒觉得知识越多越被动、越痛苦。

作为教师，我们真的应让学生真正成为课堂的主人。

让幽默充满课堂

英国学者M. 鲍门在《幽默教学：一门表演的艺术》中指出：理想的教师应当达到艺术化的教学水平，善于利用幽默来激发学生的兴趣，使学生学得更好。[①] 由幽默引起的笑声能填平师生之间地位的差异，缩短师生之间心理上的距离，消除师生之间心理上的隔膜，建立起亲密、平等的师生关系，学生自然也会“亲其师”而“信其道”！

因此，在教学中，教师要善于在恰当的场合、恰当的时机，巧妙地运用风趣的语言开导学生。这样不仅能使课堂气氛活跃，还能激发学生的学习兴趣，加深对事物的理解感受程度，使学生在轻松、活泼、充满笑声的课堂气氛中学到知识，受到教育。

教学幽默的目的是为了使学生在轻松愉快的课堂气氛中获取知识、增长才智。如果置教学目的和内容于不顾，东拉西扯，为幽默而幽默，那就既浪费了宝贵的课堂教学时间，又给学生以油滑之感。如果一堂课幽默不断、笑声不绝，也会冲淡教学内容。打个比方说，如果课堂是一盘珍馐，那幽默就只能是珍馐中的调味品。教学幽默应把握分寸，否则就失去了幽默应具有的审美价值和教育价值。还有，讽刺挖苦式的幽默虽然逗乐了大家，却易伤害被讽刺挖苦者的自尊心，这种幽默不可取。此外，教学幽默需要以良好的课堂氛围作烘托，以融洽的师生情感为前提。离开合适的气氛和情调，教学幽默是难以奏效的。一个沉闷单调的课堂会让教师的一缕幽默蒸发消散，而一个愉快欢乐的课堂，幽默会将课堂气氛推向高潮。

教学幽默不仅可以用在讲授教学内容时，也可以用在组织教学时，如在学生上课迟到、讲话、打瞌睡时，教学幽默可以助教师一臂之力。

幽默是一种高超的语言技巧，用得好时是“锦上添花”，但有时也会“画蛇添足”，有调侃、哗众取宠之嫌，因而，适时的幽默才是真正的大智慧。

---

① 倪三好编著：《优秀教师的语言艺术》，安徽师范大学出版社2013年版，第4页。

让责任成为一种习惯

责任心对教师而言，是师德的一项重要内容，也是师德的外在表现。教师的教育责任心，体现在对待教育事业、对待学校、对待学生的工作态度与教育实践中，体现在自身的教育业绩中。教师没有教育责任心，也就没有真正的教育。

对我们教师来说，一届学生未教好，还会有下一届，还可以从头再来；而对于家长，孩子的成长不可逆转，根本不可能从头再来。也就是说一个学生对于我们来说可能是百分之一，可对于家庭来说他就是百分之百。家长把孩子交给我们，就对我们抱有希望。

我们要想赢得家长的信任，赢得社会的赞誉，实现学校的发展和老师的自身价值提升，就必须把我们的责任心分解在平凡、普通、细微甚至琐碎的日常教学每个细节之中去，让每个孩子在我们的指导下都得到发展，让每个孩子都能健康成长、享受成功。

做一名善于反思的英语教师

平日的英语课堂里没有掌声,没有笑声,没有讨论声,学生学习不积极,我上课也没激情。究其原因,我认为:班里的大部分孩子基础差,父母不重视,另外作为男教师的我形象不如女老师那样有吸引力,语音语调也没有磁性。但是,观摩完李勇老师的三节课后,反思一下自己,像李勇老师那样的男老师照样可以上好英语课,语音语调照样有磁性。学生学不好英语固然有基础、环境的影响,但是老师的水平素质才是关键因素。如能像李勇老师那样去上课,学生能不喜欢英语吗?我暗下决心,要做就做像李勇老师那样的英语老师,虽然与李勇老师有差距,但是一定要向他看齐,在以后的教学中要模仿李勇老师,学习李勇老师,做一个"点燃学生学习激情"的好老师。与李勇老师课堂教学相比,反思自己的课堂教学存在许多问题与不足,现总结一下,期待在以后的教学实践中去改进和提高。

(1)每节课要设计基于教材和学生认知水平的教学目标,然后紧紧围绕目标去开展听说读写活动。李勇老师这三节课的话题是"交新朋友",中心学习目标是让学生学会用英语介绍自己,介绍他人。李勇老师紧紧围绕这个目标设计教学活动,用语境学习词汇,先听读重语言输入,再说写重语言输出。李勇老师还重视教学目标的达成度的反馈,学生展示完 posters 之后,李勇老师问学生,Why do you make posters? 回应教学目标。

(2)老师上课要有激情,声音要高亢有力,语调要抑扬顿挫,要有表情和动作,要时时刻刻关注学生,吸引学生,把学生的注意力、模仿力始终维持在高度集中的状态,让学生时刻围着你转。李勇老师始终激情洋溢,语音语调时而高,时而低,时而悠长,时而短促,抑扬顿挫。李勇老师表情丰富,不断变换手的动作,用肢体语言诠释语言的奥秘和课堂的魅力。我观察李勇老师手的动作,一会儿放在胸前,一会儿抓着手放在面前。我注意到学生在练习对话回答问题时,李勇老师总是攥紧拳头,放在胸前,这个动作表达了李勇老师的一种自信,对学生的一种鼓励,"你一定行"。只有这样的课堂才是鲜活的课堂、生命的课堂、绿色的课堂、和谐的课堂。

（3）在进行每个教学环节、每个教学活动之前，李勇老师总是说明要求达到什么程度和目标，并且积极作指导，给出“model”。这样，学生在活动时就知道如何去做，达到什么程度，学生活动的有效性就有了。李勇老师在进行听力教学时，活动要求 Listen and circle，学生对 circle 这个词不熟悉，李勇老师先领读，然后让学生到黑板上写出这个词，并让学生 circle the word，学生在语境中学会了 circle 的用法，也明确了听力训练的要求。在进行两两对话之前，李勇老师找一名学生到前面和他编对话，这样其他学生就知道如何练习了。

（4）时刻关注学生，积极参与小组活动，了解学情，是李勇老师课堂教学魅力的一个方面。我在进行小组活动时，往往说明任务后，在教室里巡视，如果学生不提出问题，我往往不参与到小组活动中去。但是李勇老师在分配完小组活动任务后，走下讲台，在巡视中积极参与到小组的讨论中去，给学生提供指导和帮助，了解学生讨论的情况和小组活动需要的时间。而我安排小组活动时由于不了解学生讨论的情况，常强行终止讨论时间，这样的讨论只会流于形式。

（5）示范指导到位，学生有充分的时间讨论准备，并尽可能地让大多数学生发言，是李勇老师课堂教学特色之一。例如在 make posters 这一环节，李勇老师给了学生充分的时间讨论合作，还到小组里去指导、了解情况，在让学生展示成果时，李勇老师找了很多学生呈现他们的“作品”。每个学生展示完之后，李勇老师给予积极个性的评价，有的表扬画画得好，有的指出句子写得好，学生有成就感。我在课堂教学中让学生读对话、检查讨论情况，每组只找一两个学生，并且找一些成绩较好的学生，时间久了，一些学生在课堂上没有表现的机会，他们逐渐丧失了学习英语的兴趣。

（6）在英语教学上，大多数老师比较关注终结性评价，对课堂评价、形成性评价关注不够，重视不够。有的老师在课堂上评价也形式单一，语言单调，没有起到鼓励、鞭策、激励学生的目的，时间久了，学生学习英语的积极性会受影响。李勇老师的课堂评价形式多样，内容丰富。学生在这样的课堂评价下，积极性被调动，注意力被集中，学习激情被点燃。在李勇老师的课堂上“Good”“Very good”是口头语，他有时会跷着大拇指，有时会用掌声，有时会给学生一个微笑，有时会用拳头做一个激励的动作。我还注意到，学生说出的好词汇、好句子，甚至好的语调，都会被李勇老师重复、放大、赞美，这也是评价的一种形式，更能激起学生学习的成功感。

（7）在课堂教学中，学生之所以学不会英语，成绩差，我认为一个重要的原因是课堂上操练不够，语言知识的输入不够，没有做到“厚积而薄发”，知识落实不够，没有面向全体学生，没有尽可能多地让学生去多说，多展示，多表现。通过观摩李勇老师的课堂教学，我找到了答案。李勇老师教“Chinese”一个词，就创设了几个语境，先“Oh，a Chinese”，学生就说了好多遍，“I'm a Chinese. ”，学生也操练了很多遍。李勇老师积极地创设语境，让学生运用所学语言。在进行完听力训练之后，对听力材料，李勇老师更是不厌其烦地让学生跟读录音，模仿录音机里的语音语调，根据录音材料表演对话、设计对话。在让学生用英语介绍自己、介绍他人时，李勇老师更是让更多的人去说、去参与。学生都去参与了，都去读了，都去说了，都去动手做了，他们还能学不会英语吗，还能对英语不感兴趣吗？

（8）我在观摩李勇老师第三节课时，注意到一个细节，在找学生汇报自己制作的海报（posters）时，他先找了一些学生，说得都很好，后来又找了一个学生，这个学生站起来之后，比较紧张，不敢开口，李勇老师走上前去看了看这个学生的海报（posters）后，和他小声地咬起了耳朵，小声地教这个学生把海报（posters）读了出来。看到这个细节，我被李勇老师的耐心、“别有用心”深深震撼了。如果我是李勇老师，我可能会让他坐下，或者批评他一顿，而李勇老师用和谐的语调轻声细语地教他去读，学生在他的鼓励、引导、帮助下说了出来。李勇老师这样做，不但顺利地完成了教学任务，而且能够保护这个学生的自尊心，让学生有学习的安全感，能够唤起这个学生学习英语的信心。

以上几个方面是听李勇老师课的启发和体会。通过学习，我看到了自己课堂的不足和问题，今后将积极地学习、模仿李老师的教学理念、教学方法，争取我的课堂会有彻底的改变。

善待我们的学困生

“学困生”是指在教学过程中学习、思想相对落后的学生。据全国少工委的一项统计，在我国现有的3亿学生中，被老师和家长列入“差生”行列的学生已达到5 000万人。也就是说，在我国每6个学生中就有一个差生，他们在学业上不再被认为有什么希望，并且逐渐成为家长和老师的眼中的“问题孩子”。这样不公平的待遇给这部分学生造成很大的心理负担，尽管老师采用很多转差办法，但转差效果不佳。对于这些学生的教育转化，不仅关系到学生个人的前途命运，还会影响到班级的进步、家庭的幸福和社会的安定。可见，教育转化后进生有着不可估量的实际意义，它是班主任德育工作内容的重中之重。班主任要给学困生更多的关心和帮助，尽量做到与家长、全班同学、各科老师通力合作，调动一切积极因素，给学困生创造一个良好的环境。我允许学生犯错误，尤其是学困生，因为金无足赤，人无完人，更何况这些正在成长中的孩子呢！同时，我们在教育过程中还应该承认学生之间的差异。因此，我在学习和生活上都给几个学困生降低要求。比如听写生字，我总是提前有意识地告诉那几个学困生：“明天听写哪课的生字，今天晚上能自己复习吗？老师奖励你一枚学习星等。”第二天听写后，他们肯定要好一些，这就刺激了他们的学习积极性，使他们能享受成功的喜悦。

除了必要的惩罚外，奖励也是不可缺的。在批改学困生的作业时，我非常珍惜他们每一点微小的进步，每次我除了会写上几句鼓励的话语外，还会毫不吝啬地写上一个大大的“优”字，使他们认为不可能的事变为现实。在每次检测之后，我不仅会给优生发上一枚学习星，也会为在考试中有进步的其他学生贴上一枚学习星，让他们时时刻刻感受到教师对他们的关注与关爱，并在体验一次又一次成功后，激发其上进心。

以上是我的点滴体会。对待学困生，方法不一而足，但都要本着一个目的：他们是我们的学生，我们要真诚地做他们的老师，更要真诚地做他们的朋友。

我看生活中的压力

生容易，活容易，生活却不容易。我无意间看了一组漫画，感触颇深。朱德庸的幽默漫画《我从十一楼跳下去》，由二十幅图组成，每幅图都加了文字描述。

内容大致是这样的：一个人因为对生活绝望，于是从十一楼跳了下去。在下降的过程中她经过每个楼层的窗户，看到10楼恩爱著称的夫妇正在互殴，9楼坚强的Peter正在偷偷地哭泣，8楼的女孩发现未婚夫跟好朋友上床，7楼的丹丹在吃抗忧郁症药丸，6楼失业的阿信还是每天看报纸找工作，5楼受人敬重的王老师正在偷穿老婆的内衣，4楼的Rose又和男友闹分手，3楼的老伯每天都盼望有人来探访，2楼的Lily还在看她那结婚半年就失踪的老公照片。这时，她才明白：在从十一楼跳下去之前，她以为自己是世界上最倒霉的人，可看到他们之后，才觉得自己其实过得还不错！

她狠狠地摔到了地下，刚才被她看到过的人都把头伸出了窗外，在看着她。此刻她想：他们看到我之后，也许觉得自己过得还不错。

漫画的最后有这样一句话："古人明训：活在当下，知足常乐！"

每个人活着都有一些压力，都有不为人知的辛苦及辛酸的一面。往好的方面想一想，你会觉得其实你过得还不错。

面对各种压力和不公，是选择纵身一跳，报复他人，还是冷静思考，从头再来，不仅仅是一种理智与莽撞的选择，更是一种责任感和道德心的考验。

我眼中的教育名师

近年来,为宣传教育理念及教育成绩,树立教育典型,全国各地掀起了名师评选的浪潮。评选名师的初衷是发挥他们的积极性,引领教育的发展和教师的进步。可是现实却不总是这样,一旦名师考核期结束,很多名师销声匿迹,有的改行了,有的被外地的学校挖走,而在本地踏实工作的,境遇不一。这让许多优秀的教师心里不舒服:难道优秀一点就有错吗?

即使如此,很多优秀的名师并不奢求别人的赞美,仍脚踏实地地工作,面对一个个纯净的孩子,那份热情无以言表,这是对教育的痴爱。孩子们、家长们及社会的需要是优秀教师存在的沃土,他们沉浸在教育土壤中,做一颗铺路石子,无怨无悔。在人们心中有一杆秤,这杆秤就是对优秀教师的认可和崇拜,是交给他们就放心的一种情怀。

带着这些思考,我作为一名学员,参加了 2011 年 8 月下旬为期 3 天的薛城区第二批名师培训。我有幸聆听专家的谆谆教诲和虚心指导,一睹大师们的风采,感触颇深,现将感受总结如下:

作为一名优秀教师必须具备“三高”。

首先是“学问”高,这是成为一名优秀教师的首要条件。这既包括扎实、深厚的专业知识,也包括广泛而渊博的非专业知识。这不仅是我们能够做好教学工作的基础,也是能够树立威信、赢得学生与同事敬重的必要条件。虽然知识无穷,我们所掌握的只不过是沧海一粟,但我们还是要尽量多掌握一些。

再者是“教学能力”高,这是优秀教师的生命。教学工作出色的教师,大都是“学问高”的教师,但“学问高”,并不能说明教学工作就一定出色,这是我们教育教学工作中一种较常见的现象。现实中不乏有一些教师满腹才华,却不能胜任教学工作,反倒是有些知识相对平平的老师,教学成绩却很优秀。这应该是由于“教”和“学”两种工作之间的不同所造成的。

最后是“品德高”,这应该算是一名优秀教师的灵魂。一个教师的人品又总会在其教学工作和教育管理工作中有所体现,甚至会是一种很“强烈”的表现。教师的一言一行、为人处事的方法都将成为学生的“榜样”,是另一种形式的“教育与教学”。教师的人品高低不仅决定着同事与学生对自己的评价与好恶，而且会对教学工作产生一定的影响，而且还会对学生起到一种潜移默化式的不可忽视的影响，这些影响可以说都是十分巨大的。好教师必备的品德很多，如爱心、公正、热情、团结等。总之是人品修养的问题。需要说明的一点，这里的“品德”也包括人的意志品质，如坚强、恒心、善于动脑等。

我时常思考什么样的教师才是名师。我的眼前闪现出几个人的名字：于永正、魏书生、窦瑰枚……这些具有代表性的人物，确实在不同程度地影响着我们教育发展的方向。他们不仅有高深的教学功底，而且掌握着理论的前沿。他们善读书、勤思考，用品格与智慧点燃着自己的人生。无论各界人士怎么看他们，都不会抹去他们闪光的足迹。他们在大众教师的心中有着不可磨灭的形象。再进一步思考，名师究竟能给我们的教育带来了什么呢。名师是教育的精英，也是教育的品牌，所以不难理解，当前教育界形成了追随名师、信服名师、崇拜名师之风气。用老百姓的话说“无领头雁不飞”，而名师就好比是教师队伍中的“领头雁”。可见，名师的招牌不一般。有些报刊也无不把名师作为王牌，一个故事、一段散文、一篇论述，都要包装得精妙无比，并且是标题显赫。名师，真的一路辉煌！“一唱雄鸡天下白，一代名师指江山”，中国教育的格局可以说是名师纷争的格局，他们各自吹响自己的号角而欲雄霸天下。这不禁使无名小辈们发出感慨：中国的教育就是名师的教育吗？笔者手中有几样期刊，顺手翻开，多是名师之作。期刊首先是大众的，应该用大众的笔来写大众的文章，与名师相比，普通的一线教师写出的文章虽然文字不美，但情感真切，道理不深，但有真实发现。他们没有掩饰，没有包装，没有作秀，这样的文章没有可读性吗？大众的期刊是最好的期刊，我真诚地期望把那珍贵的版面，多留给我们一线教师。笔者不是有意与名师作对，对名师的追崇应客观理性，尤其是各种媒体不要紧贴“名师”或“特级”的标签。甚至总有一些人，喜欢解读名师。走近名师，领悟名师灵魂，是值得称赞的，可是借助名师的光环来美化自己的虔诚，永远是文化的“奴才”。其实，好多名师的思想，也不是只言片语、支离破碎就能解读明白的。我们推举名师，但不要做名师的附庸；我们敬重名师，但不必崇拜名师。我们树立名师，但名师不是永久的光环。名师不是教育唯一的救世主。

让我们都冷静地看待名师吧！

严与爱相济，教与学相长

著名教育家陶行知先生说过："像屋檐水一样，一点一滴，滴穿阶沿石。点滴的创造固然不如整体的创造，但不要轻视点滴的创造而不为，呆望着大创造从天而降。"[①]我说：是一块顽石也会被感化的。一个良好的班集体，应该有一种健康向上的奋斗精神。而这样的班集体需要教师的爱去发挥最大的影响。从根本上说，营造一个充满爱心的集体才是教师真正意义上的"大爱"。

作为班主任，要真心地去爱，去尊重每个学生。曾听到一个关于爱的故事，有个孩子，对一个问题一直想不通。为什么他的同桌想考第一，一下子就考了第一，而他想考第一，才考了全班第二十一名。妈妈一直没有回答他的这个问题。儿子小学毕业了，虽然仍没能赶上他的同桌，但他的成绩一直在提高。母亲为此带他看了一次海。就是在这次旅行中，这位母亲回答了儿子的问题。后来，儿子以全校第一名的成绩考入了清华大学。母校请他给同学们以及家长们做一个报告。其中他讲了小时候的一段经历："我和母亲坐在沙滩上，她指着前面对我说，你看那些在海边争食的鸟儿，当海浪打来的时候，小灰雀总能迅速地飞，它们拍两三下翅膀就升入了天空，而海鸥总显得笨拙，它们从沙滩上飞入天空总要很长时间，然而，真正能飞跃大海横渡大洋的还是它们。"正是因为这位母亲的爱与尊重，这个孩子才迎难而上，坚持到底。

有一次我带的班是有名的乱班。班级的乱是由于班内顽皮的孩子多，学习差、纪律差、自我约束力不强，孩子们各有"特点"。很多次班会我都在强调，试图让学生明白互帮互助、自尊自爱、自律自强，课堂纪律要怎样做，但结果却微乎其微。于是我主动贴近他们，寻找他们身上的闪光点，对其适时地表扬和鼓励。有两个孩子喜欢打篮球，于是我利用课外活动时间组织了一场篮球赛，由他们宿舍对阵另一个宿舍，结果他们赢得了比赛，赛后我在班上对他们进行了表扬，并且我给他们俩由运动谈到了学习、做人，同时指出他们有待改进的地方。有个孩子对学习马马虎虎，班级布置的任务应付了事，有一天，卫生委员向

---

① 顾明远，边守正主编：《陶行知选集》(第 2 卷)，教育科学出版社 2011 年版，第 234 页。

我汇报说他不值日。我先从侧面提醒他，并且让他专门负责班级卫生工具的摆放。一见他摆得很整齐，我马上表扬了他，对他的负责精神给予了肯定。事实证明，他干得很好，对班级的其他工作也认真了。

在班级管理中，我深深地体会到要和学生平等相处，不要让学困生形成自卑心理和抵触情绪，工作就不好开展了。在教育学困生的过程中，要经常与家长沟通，形成学校、家庭、社会的教育合力。我班的一位同学，头脑非常灵活，学习成绩也不错，但纪律差，坏习惯多。上课时总是和周围的同学说话，招惹周围的同学，批评完了还是依旧，依然我行我素。厚厚的保证书也快让我对其丧失了信心。更令人气愤的是有一天下午他课没上偷偷跑出去上网了。

面对这样一个学生怎么办？家访。下午我请了假带着他去了他家。刚进他家我就惊呆了，这个家很穷，唯一的家电是台黑白电视机，父亲由于干活把腿摔骨折了，在床上躺着，母亲精神不是很好。当我告诉他爸爸他的在校表现时，他爸爸生气得说着说着就从床上下来，给我跪下了。看到眼前这一幕我震撼了，这个孩子的眼泪也流了下来。他哭着说："老师，给我一次机会吧，我会好好表现的！"他现在变化了很多，虽然有时有反复，但他已知道该怎样控制自己，知道自己该干什么了。

通过几年的班主任工作，我知道了爱生之心是教育力量之所在。但是光有爱还不够，只有严格管理，才能达到真爱的境地。对于学困生，要因材施教，在能力范围内达到预期目标。达不到目标，不合要求的，班主任绝不放松。学习如此，纪律，卫生等无不如此。例如，我们班有严格的班规十条，达不到目标就会按其执行，当然了惩罚措施是全班表决通过的。

班主任工作要"严慈相济"，爱在该爱处，严在当严时，"爱心"是孩子的阳光，是教育的绿色。教育从爱起步，由爱伴随，因爱结果。教育的一切都源于爱学生，教育的全部奥秘就在于如何爱学生。

英语教学中应注重加强教学反思

随着课堂教学改革的不断深入，教学反思越来越被人们关注和重视，已经成为中小学开展校本教研、促进教师专业发展的最基本、最有效的方式之一。因此每位教师都应对自己教育教学加以反思，从而不断地有意识地增强自己的教育教学能力。近年来，我校比较重视教师的教学行为，并取得明显的教学效果，已成为教师专业发展的有效途径。教师应着力从以下两点加强教学反思，提高专业素养。

一、把握“反思”重点，增强教学反思的针对性

教师的主阵地是课堂教学，因此在进行教学反思时，不能游离于课堂教学之外。一般来说，教师要基于对教材的理解进行，包括对教材编者的意图、教材（教学内容）所体现的课程价值及教育功能理解是否透彻、到位，教学目标界定得是否准确、具体，教学重难点是否恰当，对教材的调整、挖掘是否科学合理等；教师的教学反思包括教学理念是否体现教材本质、教学方法是否合理、教学流程预设是否优化、教学目标是否得以实现等；学生学的反思包括学生学习的积极性与参与度、学生的学习方式（方法）与教学内容联系得是否紧密，如自主探究、分组合作有无必要或是否有效，学生课堂学习效果、自我评价是否到位等，否则反思就容易无的放矢。当然，每次反思不一定要面面俱到，可以抓住教学活动中某一亮点进行深入剖析、认真反思，这样日积月累同样能促进自身的进步与专业的发展。

二、把握反思策略，增强教学反思的实效性

教学反思是一种充满艺术的再创造活动。在教学中，要科学合理灵活地运用反思艺术，增强其实践效果。

1. 在问题的牵引下进行反思

课前在预设教学时，有意识地确定课堂上所要解决的问题，带着这一问题进课堂，围绕这一问题组织教学。课后，再对这一问题所解决的过程方法作反思。通过对解决问题的过程与方法的反思来积累教学经验，提升教学水平。

2. 勇于通过反思促进合作

教育教学中反思，一般可分为教师与学生合作引起的反思和教师与教师间合作形成的反思两个层面。在实践中，我们要在合作中反思，在反思中合作，并通过反思促进合作，以增强反思效果。比如在教学过程中，首先，在课前要对自己所设计的教学设计(预案)进行审视，看教学流程有无调整和补充的必要。其次，在课中要随时根据学生学习情况即反馈的教学信息进行反思，并灵活机动地调整教学策略。再次，在课后要对整堂课作全面(或重点)反思，用自己的语言概括教学过程中生成的体验、体会，形成自己的见地。在与同事间互助指导式听评课，或是日常生活中，把自己的困惑告诉同事、领导、专家，或是把自己写成的反思案例交与同行进行分析和批判，使反思由个体行为变为个体与群体结合的反思行为。教师相互学习，相互促进，在反思中共同成长。

3. 形成良好习惯拓展深度反思

反思不能局限于"课后记""教学随笔""教学日记"，而是要用实际行动调动教学反思的积极性和主动性，用心去反思自己的教学实践，更新教学反思观念，自觉地去反省自己的教学理念和行为，用文字认真地把自己反思得到的感悟、感受、感想记录下来，有意识地形成自己的概念和结论，用自己在反思中所产生的新观点、实用的方法来指导自己教学，并在新一轮教学实践中得到验证。教师如此行动——反思——再行动——再反思，师生的素养从中才会提升，才能促进人的不断发展。

总之，教师在教学实践中，要用心反思自己的教学实践，自觉自主地去反省自己的教学理念和行为，用文字认真地把自己的反思所得到的感悟、感受、感想记录下来，有意识地形成自己的概念和结论，并在自己的教学中不断加以改进，提高课堂教学实效。只有这样，个人的专业素养才能不断得到充实与提升，才能真正成为提高教师专业发展的有效途径。

英语优质课听课有感

在刚刚结束的薛城区优质课比赛中，课堂教学目标的设定成为参赛老师的关注点。在这些课上，课堂教学目标明确、清晰，把情感、态度、价值观渗透在教学中，把培养学生综合运用语言的能力作为终极目标。教师的课堂教学策略发生了大变化，教师不是带领知识走向学生，而是带领学生走向知识。学生的学习方式与以往相比也有了变化，由单一型学习向多方面的形式转变，如：在听中学、在说中学、在合作中学、游戏中学、唱歌中学等。多渠道的学习方式拓展了学生的思维，培养提高了学生的学习能力。

一、此次优质课评比中老师们所展现的优秀方面

（一）让"知识超越教材"，让"教学超越课堂"

教材是课程资源的核心部分，是教学活动的媒介和载体，也是教师开展教学活动的主要依据。英语新课标提出："教师要善于结合实际教学需要，灵活地和有创造性地使用教材，对教材的内容、编排顺序、教学方法等方面进行适当的取舍或调整……"可见，在新课程理念下，课本不是教学的全部内容，教材是可变的、发展的和开放的。在此次优质课评比中，老师们在教学过程中，教学目标、内容、知识传授的深度和广度既能以教材为主要依据，又能结合实际和学生现有的知识、技能、思维水平、学习心理等，灵活地、创造性地使用教材，防止了教学中机械地"以教材为本"。他们根据学生的认知特点、心理特点和教学的实际情况，适时对教材进行适当的调整。在我们以后的教学工作中，我们可以适当对教学内容（增加、删减、替换）及其顺序（课堂内、单元内、单元之间）进行调整。

（二）设计和运用课件更加合理

多媒体应该是为教学服务的，而不应该是教学为媒体服务。多媒体作为一种习以为常的教学手段，学生对其已经没有过多新鲜感，这就要求我们老师：利用这种形式突出事物的重点与本质，使其成为引起学生注意、唤醒学生思考的重要手段。

多媒体可使我们的课堂教学生动活泼起来，但过犹不及，有时候课件占据课堂太大的空间，而教师的言行和思维都受到很大的限制，一节课下来，学生脑子里一片空白，可能仅存了他们感兴趣的动画或图片。同时也使老师很少有机会深入到学生中间与他们做亲密的交流与接触，使学生对本来就很陌生的老师更加有距离感。因此，摆正课件在教学中的地位是很重要的。课件只是辅助教学的工具，而不能成为课堂的主宰。使用课件的目的只是为给学生创建更真实的语言环境和直观的语言呈现，在课堂中占主体地位的还应是学生。在此次比赛中，这种围绕课件教学，课件“牵着教师鼻子走”的现象得到了很好的控制。大部分老师的课件设计简洁明了，科学合理，直观生动，真正起到了为教学服务的作用。

（三）词汇教学融入情境，任务型教学成为主流

多数参赛教师能摒弃单纯的学生词、教句型的教学模式，能够较好地创设情境，在故事情节中学习单词，在句子中学习单词。部分老师很好地创设了故事情节，在故事情节中学习了词汇。

从本次比赛看出，参赛教师对任务型教学理念的理解渐入佳境，在实施上有了一定的层次。在任务的设置上，大多数教师能够识别真实性任务（Real World Task）和教学性任务（Teaching Task），在课堂上能够根据学生的实际情况，设置各种层次的任务，作为任务的活动具有较强的可操作性和程序性。

（四）巧设与本课内容有关的 warming-up

俗话说：“良好的开端是成功的一半。”在讲课开始，教师巧设一个热身环节，往往能激发学生感知的兴趣和情感，也可启发引导学生思维。让学生很快进入课堂学习的最佳状态。这是实现教学整体美的关键一步，可收到“先声夺人”的效果。如奚仲中学的于媛媛老师在引入有关 noodles 的内容时，采用了动画片《功夫熊猫》，学生非常感兴趣，既调节了课堂学生的紧张感，又让学生初步感知本节课的重点。

（五）巧用课堂过渡语

一堂课作为一个有机的整体，是由不同的知识上下联系的，也就是说，一堂课是由教师对几方面知识内容的传授组成的。之所以形成一个有机的整体，是因为在这几个方面内容的组合衔接上常常有其独到的妙处：简洁明快，自然得体，紧密连贯，行云流水，天衣无缝。因此，在课堂上起衔接组合作用的过渡语设计得好，对于提高课堂教学质量和效率，必将起到有益的作用。如二十九中学的李艳梅老师在过渡到教授重点内容“Would you mind turning down the music?”时，有意识地在自己说话的同时，配上音量稍大的音乐，很自然引出了

这句话，让人有种润物细无声的感觉。

（六）巧设情景活动

情景是生活的侧面，是英语教学中非常重要的因素，它直接影响英语教学的效果。情景是人们进行语言交际活动的必要条件。语言教学中情景不可少，它是生活的模拟的和再现。教师必须按照教材的教学内容精心组织，巧妙构思，创设良好的符合学生心理和认知特点的教学需要的情景，让生活在课堂中再现，让学生模拟的环境习得真实交际语言。枣庄五中的李冬梅老师在教学 Would you mind ... 时创设了以下的情景：

I think it is a little hot in our classroom and I want someone to open the window.

What can I say?

I can say

1. Could you please open the window?
2. Would you please open the window?
3. Would you like to open the window?
4. Why don't you open the window?
5. Why not open the window?
6. You'd better open the window.
7. Open the window please.

Another new expression：

Would you mind opening the window?

Would you mind not opening the window?

（七）巧妙总结课堂

在一节课的结束阶段，教师在引导学生对本节课所学知识进行总结时，善于开动脑筋，巧妙总结。如果说开头的艺术是为将学生更好地引到教学胜境之中，以求收到最佳效果的话，那么结尾的艺术，同样让人回味无穷。

二十中的李继成老师采用了 chant 的方式进行总结：

Let's chant!

— What, what, what would you like?

Beef, beef, I'd like some beef.

— What, what, what would he like?

Mutton, mutton, he'd like some mutton.

— What, what, what would she like?

Noodles, noodles, she'd like some noodles.

— What, what, what would they like?

Chicken, chicken, they'd like some chicken.

舜耕中学的王东梅老师采用歌曲的形式进行总结：Would you mind getting up early?

No, no, Not at all, certainly not, of course not.

Would you mind turning down the music?

Sorry, sorry, I'll do it right away,

Sorry, sorry, I'll do it in a minute.

这两种方式都起到了很好的效果，值得借鉴和学习。

（八）有了关注生成的理念和行动

教学活动不仅是井然有序、科学规范的，同时也是充满诗意的。叶澜教授说：课堂应是向未知的方向挺进的旅程，随时都有可能发现意外的通道和美丽的图景，而不是一切都必须遵循固定的而没有激情的行程。[①] 教师在把握教学基本目标的前提下，应注重弹性的教学设计，多给师生双方以自由创造的空间，而不是使课堂教学成为教师先行设计的“彩排”。有备而来，有备无患，这是科学而艺术地把握课堂教学的预设与生成的前提。许多成功案例都表明，越是准备充分，越是能够预设好，也越能生成好。因此预设和生成都要从备课开始，尽可能多地预设学生在学习中可能出现的情况，为课堂生成奠定基础。就本次优质课比赛而言，大部分老师在备课时就考虑到给学生留时间互动和探讨，学生有更充裕的时间充分发表自己的看法，从而真正实现课堂与生活的接轨。新课程理念下的英语课堂，应是一个具有生命力的课堂，在“目标——过程——结束”的演变过程中，除了预约的精彩之处外，伴随着课堂教学活动的展开，也会生成出许多无法预料的精彩。教师应及时捕捉课堂信息，促成动态调控，拓展学生的思维空间，促进学生个性的发展。

二、几点思考与建议

在个别老师的课堂上，有以下几种表现：

1. “学生主体，教师主导”，似乎仅仅是口号

在一些课堂上，很少见到小组学习、小组合作完成的活动，充斥于课堂的只

---

① 林高明，徐玉烟编：《名师感悟有效教学90例》，江苏教育出版社2012年版，第208页。

是教师泛泛的讲解与不懈的引导。教师应遵循“教不等于学，学不等于习，懂不等于会，讲不等于练，读不等于说”的原则。

2. 目标的表述与“学生是学习的主体”相背离

目标应该为“学习目标”，而不是“教学目标”，像如“培养学生……”“在教学中……”“使学生学会……”之类的词语应该变为“学会……”“在学习中……”“掌握……”。

3. 思维能力的培养有所欠缺

提高学生思维与创新能力是新课改的终极目标，而在很多课堂上老师们仍在“包办”，替学生总结，替学生分析……看似这些节省时间的、无意的教学行为，已经严重地剥夺了学生思考的权力与学会学习的权力。

4. 个别教师的课堂用语尚需锤炼

教师的语言是课堂的眼睛，而部分教师或语言碎杂，表达不清，或冗长或口头语频出使得整堂课的效果褪色不少。

5. 活跃课堂气氛应慎用物质刺激

在英语课上，教师采用的激励方法要符合学生的认知规律和心理特征，要调动学生的积极性、激发学生的学习乐趣与欲望、让学生在体验中学习英语，提倡合作学习。通过物质奖励的方式激发学生的兴趣不应是唯一教学手段。教师在开展课堂教学时，应该根据学生的心理和生理特点，通过多种形式激发和培养学生的学习兴趣，优化教学过程和教学方法。

6. 忽略了板书的教学作用

本次讲课中，仅有少数教师板书设计比较好，大部分教师要么没板书，要么只写了标题。

总的来说，这次优质课比赛活动，老师们各有千秋、各展风采，比赛活动取得了一定的成效，对于教师的专业成长是非常有益和十分必要的。通过这次活动，我们了解了各兄弟学校的教学特色和水平，也学到了他们的宝贵经验，对我区的英语教学一定会起到良好的推动作用。

由《三国》想到了教学

大型史诗剧《三国》生动地描述了三国之间的关系和历史人物的个性。纵观全剧，但凡积极纳谏、兼听勇为的君主，都能取得辉煌的业绩，真正体现了得人才者得天下，失民心者失天下的历史规律。

以史为鉴，可知兴衰。在欣赏扣人心弦的剧情的同时，我们不妨时刻反思身边的人和事，切实做到有的放矢，避免不必要的失误。

联想到我们学校，有一些教师个性非常鲜明：有些老师德才兼备、德高望重，是学校里"尊长"；有些老师学识渊博，比较明白，几乎无所不通，是学校里的"诸葛亮"；有些老师喜欢评头论足，观点鲜明、独到，是学校里的"评论员"。尽管他们身上也有着这样那样的缺点和不足，但有一个共同的特点：内心世界丰富，蕴藏着智慧，影响力大。学校在制定政策、规划发展项目建设时，虚心征集他们的建议，他们的观点往往实事求是、坦率中肯，极具价值。学校向个性人物借智慧，既发挥了个性人物的特长，促进了学校的发展，又凝聚了人心，避免了学校决策的失误。

滚滚长江东逝水，浪花淘尽英雄！

与青年教师共勉

青年教师刚刚从象牙塔走出，带着美好的憧憬与期盼，融入平凡的教学岗位中。由于知识能力、性格习惯的不同，有些青年教师会很快适应工作并取得优异的成绩，而另一些青年教师往往很难尽快适应角色，于是出现诸多的烦恼与困惑。如何面对生活中的困难与成功呢？毛泽东说过“自信人生二百年，会当击水三千里”，拿破仑也曾经说过“不想当将军的士兵，不是好士兵”。

这些名言告诉我们，做人应该有信仰，应该有信心。信仰是引导我们走向成功的航灯，自信是达到人生顶峰的动力。美好的前途来自自强、自立、自信，不达目的不罢休，咬定青山不放松，打垮自己的往往不是别人而是自己，不要把一次的失败看成是人生的终审。逃是懦弱的，避是消极的，退就显得更加无能。成功的道路得靠自己闯。

成功时，不要骄傲；失败时，不要灰心丧气，不要怨天尤人，面对“山重水复”之关卡，唯有勇往直前、持之以恒，用信心去克服一切困难。想成就一番事业，就要甘于干大事，揽难事，立志向，树目标。心在哪里，路就在哪里。有了志向，才有做人的本事、气魄和胆略。

有知识不等于有智慧，知识积存得再多，若没有智慧地加以应用，知识就失去了价值。知识是静态的，人有了知识，还应该明白如何正确地将所掌握的知识在实践中加以应用。智慧是头脑的智能，是一种洞察力和判断力。能改变可以改变的事情，有胸怀能接受不可改变的事情，而有智慧却能分辨出何时能改变，何时不能改变，知道什么时候“为”，什么时候“不为”。知道你在做什么事，知道热爱做什么样的事，知道能把什么事做成什么样，这就是智慧。只有方向，而没有智慧，方向本身是没有意义的。智慧有时就是一种权衡和折中，用中庸拒绝极端，用理智分析情景，用务实发挥影响，用冷静掌控抉择，用学习积累经验，用勇气放弃包袱，这就是智慧显现。对弱者，光关心不够，要帮助；对下属，光公正不够，要善良；对别人的失误，光原谅不够，要忘记；对自己的未来，光畅想不够，要行动。学才能生慧，学才能生智，心宁智生，智生事才成。如果一个人缺少智慧，又不愿意流汗水，何谈成功。

前段时间看了一篇很有意思的寓言。故事讲的是，有一只山羊，它早晨起来想出去吃点东西。它本来想去菜园吃点白菜，这时早晨初升的太阳把他的影子投射得很长，山羊一看，天啊，我原来如此高大，我还吃什么白菜啊？我改去吃山上的树叶得了。

它转身往山上跑去，等跑到山上的大树旁边，天都到中午了，太阳照在头顶上，这时山羊的影子就特别小。山羊一看，我原来就这么渺小啊？我还是回去吃白菜吧。

等它跑到菜园的时候，已经到傍晚了。这时候夕阳西下，它的影子又拉长了。山羊一看说，好像我还真能吃到树叶。它就再往大树哪儿跑。

一天的时光，这只山羊就在太阳投影的迷惑下，一口东西没吃着。

这不就是我们的人生吗？有时候一种外在的投影、一种虚幻的假象，在某一个瞬间让你觉得比真实的自己要高大很多，又在某一个瞬间让你觉得比真实的自己要渺小不少。

一个人怎么样才能够保持着恒常的判断呢？这就需要我们既不要妄自尊大，也不要妄自菲薄，保持一颗平常心。

我们作为教师更需要这颗平常心，因为在我们教师的岗位上可能你一辈子也不会做什么轰轰烈烈的大事，只是一个平凡的教师。

作为青年教师，当我们刚进入教师行列的时候，可能很多人都带着不如意的心态，更谈不上对教师职业的热爱，整天想着考公务员、考研究生、调动工作，可能在不知不觉中，我们自己就成了那只吃不到东西的山羊，到最后我们连一个合格的教师都做不到。

教师还是要脚踏实地，认真做好自己的本职工作，增强责任心。

初中英语更应该注重课堂语言的艺术性

初中生活泼好动，模仿力较强。我们英语教师更应该注重课堂语言的艺术性，从以下几点着手：

(1) 语音——纯正优美。一口纯正、标准、流利的英语，能给学生留下美好的印象。要做到这一点，教师应努力提高自身的素质，多听英语原声，多模仿英美人士发音，平时应用准确、清晰、响亮、圆润的声音练习英语口语，这样的语音才具有魅力，才能在课堂上吸引并集中学生的注意力。

(2) 语调——抑扬顿挫。语调是语音的扩展和升华，具有很强的表意功能。英语中的语调一般有升调和降调，但语调使用并不是千篇一律的。教师如果在课堂中采用变换语调进行英语教学，学生就注意力集中，反应灵敏。例如在教学“What is the time?”这一句式时，应根据上下文的情境来确定它的语调。譬如你问时间的心情是焦虑的，应用降调；但如果你还躺在床上，睡眼惺忪时，应用升调；长辈问小辈时应用降调；而小辈问长辈时，为了表示客气、礼貌则应用升调。抑扬顿挫的语调可以体现故事情节的跌宕或作者感情的起伏。

(3) 语趣——幽默生动。英语课堂中幽默生动的语言会拉近师生的距离，而师生间感情的输入会引发课堂上师生间感情的自然交流，这不仅使知和情统一起来，而且使得课堂上的英语交际活动、句型操练得以顺利进行。在愉快的氛围中，学生注意力容易集中，就能在愉快的环境中巩固所学的语言知识。

校长应离学生近些，再近些

从教已 20 年整。前 17 年教英语兼班主任，和学生朝夕相处，打成一片，与学生关系特铁，无论离开多少日子，一个电话或短信过来，马上能热火朝天地聊起来；近 3 年，走上了业务校长的岗位，从此远离了课堂，疏离了学生，再也没有学生亲近我了。

这不，一个课间，我从局里开会回来，走在教学楼的走廊里，迎面遇到两位八年级的学生，大声喊："主任好。"看看没有别人，我明白是在同我说话。孩子们声音清脆悦耳，我礼貌地点点头，同样向他俩问好，孩子们高兴地跑走了。望着他们远去的背影，我摇摇头心想：小家伙，倒挺懂礼貌，入校都快两年了，连校长、主任是谁还没弄清楚呢。是啊，在孩子们心目中，反正你们都是"领导"，是管学生的。

坐在宽敞明亮的办公室里，在感觉孩子们挺有意思的同时，我突然愧疚起来：应该看到孩子的无意之举背后需要警醒的问题了。表面上孩子向你问好是亲近你，可是连你是谁都弄不清，能算亲近吗？身为一校之长，是否该认真思忖反省：平日里有多少和孩子们在一起活动的时间？有多少和他们亲密无间地说说话的时间？校长忙就是理由吗？学校办学的目的是什么？

我和学生们近距离接触的机会太少了，校长眼里有谁？是政府官员？是繁忙的杂务？还是教育服务的对象——我们的孩子们？好的教育、好的学校，总是充满着人性关怀，闪耀着人性光辉的。教育是为学生终身发展奠基的，如果我们做校长的，能经常到教室听听课；课下和孩子们说说话；主动放下手里的一些应酬，到班里参加孩子们的联欢活动、演讲比赛；经常深入学生餐厅、宿舍，征求学生对学校的意见和建议等，学生对校长的感情肯定不一般，如此一来就不会张冠李戴了。

北京十一学校规模比较大，管理工作很繁忙，但是李希贵校长总是想很多办法，与每一个学生接触。他说："在学生的毕业典礼上，我要亲自为每一个学生发毕业证书，一个典礼下来，要站四个小时，最后几乎都站不住了，但我还是要坚持这样做，为什么？因为我们不跟学生接触，彼此之间就没有感情。我在校园里走，总是要尽最大努力，想办法拍一拍学生的肩膀。我听课时，对于回答问题的学生，课后都要跟他说一句话。每周一中午，我都会与学生一起用餐。还有，到我办公室采访我或者找我有事的学生，我都要送他一本书……我就是这样，努力用各种方式，拉近与学生的距离，这样，学生的心理感受才会好。”苏霍姆林斯基在教育生涯中，始终坚持和孩子们“打交道”，深入研究过 3 700 多名学生。他说：“每当有一届一年级的孩子入学，我就开始为他们写教育日记。我把在一个班级采取的各种教育措施都记在一个笔记本里。”他还认为，校长“只有把教育和教学以及研究和了解儿童这些学校工作中最本质的东西摆在第一位”，才能成为一位好的领导者。可见，优秀的校长都特别在乎学生的感受，以生为本，走近学生。

一位好校长就是一所好学校。校长除了拥有道德素养高、视野开阔、学识深厚、管理能力之外，更要走近学生，关爱学生，多去教室走走，获得第一手资料，并有针对性地找学生谈心，给学生思想补差；对于家庭条件差的学生要给予物质帮助。校长的一次贴己的谈心、一个会意的眼神，作用非同小可，往往能使问题迎刃而解，将厌学和辍学等问题消除于萌芽状态。不仅如此，校长还要融入学生中间，聆听学生的心声，广泛征求学生的合理建议。学生的有些建议还是能够实事求是、切中要害的，校长及时将之采纳，使学校所制定的各项措施更能符合和体现大多数学生的利益。

办好一所学校，最为重要的就是要把学生当作人来对待，热爱学生，关注学生，尊重学生，分析学生，唤醒学生，发展学生。谢谢那两位孩子叫错了我，让我知道了：我真该走近你们，离你们近些，再近些……